JN015050

# 情報通信産業の構造変容

編著 菅谷　実　SUGAYA, Minoru
山田徳彦　YAMADA, Norihiko

次世代移動ネットワークがもたらすイノベーション

東京　白桃書房　神田

# はじめに

　「米国情報スーパーハイウェイ構想—5車線上の競争」、これは、1994年9月に連邦通信委員会（Federal Communications Commission: 通称FCC）のリード・ハント委員長が来日され、講演をされた時の講演タイトルである。当時の米国クリントン政権では、副大統領のアル・ゴア氏が、戦後、連邦政府が構築した州際の高速ハイウェイに次ぐ、通信ネットワークの高速ハイウェイ構想として「情報スーパーハイウェイ構想（Information Super Highway）」を提唱していた。

　当時のハント氏の講演録をみると、5車線の情報スーパーハイウェイは、「放送、衛星、ケーブル・テレビ、移動体、有線という5つの車線で構成されている」との説明がある。ハント氏はその5車線は、事実上、「国内の全世帯につながっている」とし、そこでの競争は、「伝送ビジネスの競争であると同時に、情報の販売競争の様相を呈しはじめている」と述べている。

　各車線を説明すると、「放送」は、地上波放送局から提供される放送サービス専用車線である。米国では4大ネットワークを中核として、全国ニュース、ローカルニュース、ドラマ、スポーツなど多様な放送番組が提供されている。「衛星」とは、文字通り、衛星経由で提供される放送サービス専用車線である。衛星放送サービスは、各世帯への直接受信と共に、ケーブル・テレビ経由でも提供される。全世界のニュースを24時間放送しているCNN、スポーツ専門チャンネルのESPN、映画専門チャンネルのHBOなどの専門チャンネルの登場により、映像配信市場の競争関係は大きく変容した。

　第3の「ケーブル・テレビ」は、もともと地上波放送の電波が届きにくい難視聴地域に地上波放送局のテレビ番組を届ける地域の有線テレビ・サービスであったが、衛星経由で多様な番組チャンネルが提供される多チャンネル・サービスの時代となり、地上波放送とケーブル・テレビ放送の関係性は、それまでの補完関係から競争関係に変容した。

　残りの2つの情報ハイウェイである「有線」と「移動体」はいずれも通信

サービスである。「有線」は固定通信ネットワークから提供される通信サービスであり、「移動体」は、移動ネットワーク（モバイル・ネットワーク）から提供される通信サービスである。もともとこの2つの通信ネットワークは、自らが情報サービスを提供するのではなく、伝送サービスの提供だけを行っていたが、インターネットの登場により、この2つの情報ハイウェイからもグーグル、ネットフリックス（Netflix）などのプラットフォームを通して多様な情報サービスが提供されるようになってきた。

　5Gは、第5世代移動通信システムの通称である。

　本書が注目をしているのは、5G時代が本格化するに従い、5車線の競争市場が、大きく変容しつつあるという点である。5車線上の競争関係が完全に消滅することはないにしても、5Gの移動ネットワークは、AI・ロボット技術で実現される新たな情報空間で、大きな役割を果たす。5Gを核とした新たな情報市場が構築されることへの期待は大きい。

　移動通信技術は、どこでも持ち運び可能な電話端末を実現するための技術として登場し、これまで携帯電話を介した人対人のコミュニケーションは、質・量ともに飛躍的な発展をとげてきた。5G、さらにはポスト5Gが活用される時代に注目されるのは、モノ対モノのコミュニケーションである。モノとは、カメラ、センサーなどであり、そこで獲得された映像などの情報がAIで分析され、分析結果はもう片方のモノ、例えば車に装着されたアンテナなどに送信され自動運転を支える時代は、すぐそこまで近づいている。

　本書は2部構成である。第I部の「情報通信産業の構造変容と政策」では、冒頭に産業構造の変容に関わる2つの章がある。第1章では情報通信市場の独占時代から競争時代、さらに、5G時代につながる情報通信ネットワークの展開、第2章ではネットワークの進化とイノベーションというテーマをとりあげている。第3章ではアナログから4G、さらに5Gへつながるモバイル技術の発展プロセス、および将来に向けた6Gへの期待と展望、第4章では無線技術の進化がもたらす電波政策の展開について論じる。第5章では5G時代の映像地域メディア・サービスがもたらす地域メディア変容の現状と将来動向について考察する。

　第II部の、「5Gモバイルのもたらすデジタル社会」では、第6章におい

ては、スマートフォン向け 5G 利用動向の日中韓アンケート調査をもとに、スマートフォン向け 5G の日中韓比較を行う。第 7 章では、スマートシティ構想における 5G の役割を検証し、スマートシティ構想の発展に向けての 5G への期待と限界を明らかにする。第 8 章では、大都市圏以外での地域交通の維持・発展に 5G がどのような役割を果たしうるかを展望する。第 9 章以降では、第 6 章でとりあげたスマートフォン向け 5G の日中韓比較を踏まえて、3 か国の 5G 政策とそこから展開されるデジタル社会への展望について論じる。第 11 章では、日本の事例に加えて欧州の事例もとりあげ、日本の 5G 政策で導入されたプライベート 5G（＝ローカル 5G）制度への期待と課題にも言及される。

　本書は、共同研究の成果である。2019 年秋に第 1 回の研究会を開催、当初は、4 名のメンバーで研究会をスタートさせ、5G スマホの利用実態調査を日中韓の 3 か国で実施した。日本での、全国都道府県別の 5G スマホ利用動向アンケート調査の実施後、同様の調査を、韓国ソウル市およびその周辺地域と中国北京市で実施した。さらに、中国、韓国における調査地域との比較のため、日本においては、一都三県（東京、神奈川、埼玉、千葉）でのエリア限定アンケート調査も実施した。

　アンケート実施に当たっては、中国北京市調査では趙敬さん、韓国ソウル市調査ではジャン・ミンジョンさん、さらに日本調査では、松根麻美莉さんにデータ整理、質問票の作成、翻訳などで大変お世話になった。ここに、記して、心からの感謝を申し上げる。

　2020 年度からは、情報通信学会に立ち上げた地域 5G 研究会が共同研究の中核となり、6 名の研究メンバーが新たに加わり、研究成果の出版をにらみながらの研究・調査活動がスタートした。しかし、2020 年春以降は、新型コロナウイルス感染症感染拡大の影響で、対面の研究会は開催できず、すべての研究会は zoom によるオンライン開催となった。情報通信産業を研究対象とする研究者にとっては、距離の制約を乗り越えた共同研究の活動がネット上で可能になったということは喜ぶべきことであるが、他方で、これまで慣れ親しんできた対面の研究会が実施できないことには一抹の寂しさも感じるという複雑な心境でもあった。

　終わりに、今回の出版を快くお引き受けいただいた白桃書房の平千枝子さんに心からのお礼を申し上げたい。平千枝子さんには、編著者代表の菅谷が公益事業学会事務局長時代から、学会誌の編集・発行で大変お世話になった。さらに、本書の編集にあたっては、白桃書房編集部の佐藤円さんにも大変お世話になった。ここに記して感謝を申し上げる。

　　2022年6月

編著者を代表して

菅谷　実

# 目 次

## 第Ⅱ部　5G モバイルのもたらすデジタル社会

# 第Ⅰ部

# 情報通信産業の構造変容と政策

# 第 1 章

# 情報通信ネットワークの展開

## はじめに

　本章では、5G 時代を迎えた情報通信ネットワークがこれまでどのような展開をとげて成長をし、5G（第 5 世代移動通信システム）時代に入り、そのネットワークがどのように変容し、それが、情報通信産業に留まらず、経済市場および社会にどのような影響をもたらしてきたかを明らかにしたい。

　そもそも情報通信ネットワークとは何か、それは通信サービスだけを提供するネットワークを指すのか、放送サービスを提供するネットワークを指すのかという疑問が提起されるが、それは、ネットワーク技術の発展にともない大きな変化をとげている。ここでは、この 70 年の発展の歴史を 4 つの時代に区分し、情報通信ネットワークの変容過程を明らかにする[1]。

## 第 1 節　公社による独占体制（1950 年から 1984 年)

　日本にはじめて通信というサービスが登場したのは 1890 年である。それは国営事業としてスタートした。すなわち、国が独占的に通信ネットワーク事業をはじめた。この通信ネットワーク事業は順調な発展をとげてきたが、第 2 次世界大戦により、通信網はことごとく破壊され、1945 年以降は、破

---

[1]　以下、第 1 節から第 4 節の情報通信ネットワークの 4 つの時代区分については、以下の論文に負っている。同論文執筆当時、活発な議論が展開されていた情報通信法構想は、その後の政治状況の変化のなかで、制度化には至らなかった。そこで、情報通信法との関連部分は割愛、そこに加筆、修正を加えている。菅谷　実（2008）「情報通信制度の変容―レイヤー型規制の意義」、『法学研究』（81 巻 12 号）、2008 年 12 月、269 ～ 289 頁。

壊された通信ネットワークの再構築からのスタートとなった。通信ネットワーク再構築のためには民間からの資金も導入する必要があり、通信事業の経営形態は、国営から、公企業となった。すなわち、1952年に日本電信電話公社（以下、電電公社とする）という公企業形態の電話会社が新たに設立され、日本国内の通信ネットワークの再構築を任されることとなった。電電公社は、国内では唯一の通信会社として、固定電話の積帯解消とダイヤル即時化を目指して、全国各地であまねく利用可能な通信ネットワークの構築を目指すこととなった。

　今日では、積帯解消という用語を耳にすることはないが、それは日本中どこでも電電公社に固定電話サービス加入を申し込めば、いつでも電話加入できる状態である。ダイヤル即時化とは、電話交換手を経由しなくても、固定電話番号をダイヤルするだけで、全国どこでも即時に通話先につながる状態である。

　電電公社設立時の二大事業目標は、1970年代の終わりには、日本全国で達成され、1980年代に入り、電電公社を含む三大公企業における民営化が始まり、電電公社は、1985年4月に日本電信電話株式会社（通称NTT）として民営化されることとなった。

　通信市場における独占という伝統的規制枠組みが崩れた最大要因は、2つある。第1は、国内の固定電話サービスがあまねく全国に普及し、その先、国内通信市場の拡大は望めず、さらなる利益の確保が困難な状態にあったこと、第2は、当時から情報通信技術の進化により、今後、通信分野での新しいサービスの誕生が期待されていたことである。

　そこで、NTTは、これまでの国内通信市場における独占的地位の継続を求めず、投資の自由を確保するという方向に経営の舵をきったのである。

　その当時に先進諸国の状況をみると、国内通信市場への新規参入者の道を開いたのは米国である。図表1-1は、その当時の産業構造の変化を示している。当時の通信市場は、市内と長距離の2つの市場に分割可能であったが、無線マイクロ波通信を伝送手段とした長距離市場への新規参入が可能となり、市場参入を試みたのは、米国のMCIという通信会社であった。

　米国の通信・放送サービスに対する規制機関である連邦通信委員会

図表 1-1　競争時代移行期の通信産業構造

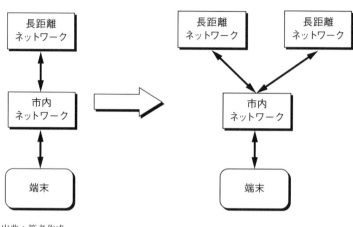

出典：筆者作成

(Federal Communications Commission: 以下 FCC) は、長距離市場にお
いて新規参入への道を開き、1970 年代には、州際市場での厳しい参入規制
が崩れた。その後、州内においても長距離通信市場においては参入規制の壁
は崩れていった[2]。

## 第 2 節　競争時代への突入（1985 年から 1999 年)

　日本においては、前述したように、参入規制の壁は、公社として運営され
てきた電電公社の民営化と同時に、1985 年に崩れた。そこで開かれた通信
市場への新規参入のチャンスにチャレンジしたのは 3 つの新規事業者であ
る。そのうちの 2 社は、自らで通信路を確保可能であった国鉄と道路公団
が主体となった日本テレコムとテレウェイ・ジャパンであり、残る 1 社は米
国と同様にマイクロ波を用いた無線通信サービスを提供する第二電電 (DDI)

---

2　米国の規制改革の動きについては、多数の文献があるが、以下を参照。山口一臣（1994)
　『アメリカ電気通信産業発展史』, 同文舘, 菅谷 実（1989）『アメリカの電気通信政策』,
　日本評論社。

であり、3 社ともに長距離通信市場に参入した。さらに、限定的ではあった
が、ローカル市場においても、長野県諏訪市の LCV というケーブル・テレ
ビ会社が、自ら構築したネットワークの空き回線を利用した各家庭に設置さ
れた水道メータの自動検針用の専用線通信サービスを開始した。

　それまで自然独占として厳しく参入を制限された市場に新規参入の道を開
くという新たな政策には 2 つの意味がある。第 1 は、新規参入による通信
市場の活性化である。独占時代には、その料金水準は限界費用と連動した市
場価格とどの程度乖離しているのかは明らかでなかったが、現実の市場では、
新規参入により長距離通信の市場価格は下落し、消費者はそこから多くの恩
恵を受けることとなった。一方、民営化された NTT にも投資の自由が与え
られた。NTT は自らの資源を用いて通信以外のあらゆる分野への進出が可
能になった。

　このような規制緩和の流れは、さらに進展し、競争導入後もその市場支配
力を維持し続けた NTT も 1999 年には分割された。それは、図表 1-2 に示

図表 1-2　固定通信網と移動通信網の共存時代

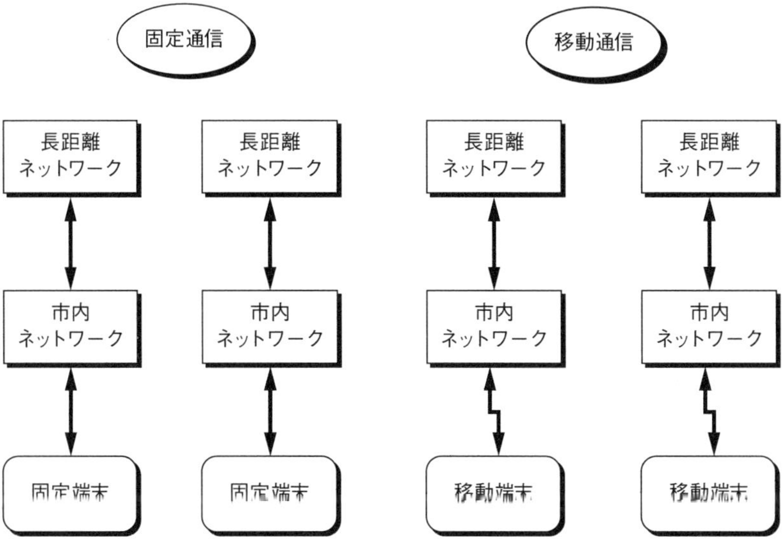

出典：筆者作成

5

す固定通信市場における変化であった。

　前述したように、1985 年の電電公社民営化では、電電公社の組織は、そのまま NTT に引き継がれた。しかし、情報通信市場が自由化されたにもかかわらず、依然として NTT の市場支配力が大きく、通信市場においては十分なる競争は実現されていないという批判があるなかで、1999 年 7 月には、地域通信と長距離通信の分離によるが NTT の分社化が実現した。NTT 持株会社のもとに県間の長距離通信サービスと国際通信サービスを提供するＮＴＴコミュニケーションズ、地域（県内）通信サービスを提供する NTT 東日本と NTT 西日本、さらに 1992 年に分社化された移動通信会社である NTT ドコモを加えると NTT グループの通信会社は 4 社体制となった。

　通信分野では、その後、移動通信市場における移動電話の登場により、固定通信と分離可能な移動通信市場という新たな独立した市場が登場する。

　移動通信市場は固定通信市場とは異なり、通信市場に競争政策が導入された以後に登場した新しい通信サービス分野であり、そこでの NTT ドコモの市場支配力は固定通信市場と比較するとはるかに低いが[3] 移動通信市場における移動通信サービスは、固定通信を基盤に始まったインターネット・サービスを取り込む形で拡大し、図表 1-2 に示される移動通信市場と固定通信市場という 2 つの市場が通信分野で形成されることとなった。

## 第3節　メディア融合時代への突入（2000 年から 2009 年）

　前節においては、情報通信ネットワークのうち、通信ネットワークにおける変化を中心に述べてきた。2000 年代になると、それに加えてインターネットという新たなメディア・サービスが登場、加えて、それまで共有の情報通

---

3　一般社団法人電気通信事業者協会の資料によると、1999 年 12 月末現在の移動電話契約数（PHS 契約者数を除く）48 百万件のうち NTT ドコモのシェアーは 57 パーセントに止まっていた。当時の 2 位以下のシェアーは以下の通りである。
　J フォン・グループ（16 パーセント）、セルラー・グループ（12 パーセント）、日本移動通信（8 パーセント）、ツーカー・グループ（7 パーセント）。（https://www.tca.or.jp/japan/database/daisu/yymm/9912matu.html, 2022 年 7 月 15 日閲覧）

信基盤をもちながらも、それぞれが独自の産業領域を確立してきた放送産業と通信産業にサービスの融合という現象が顕在化してきた。

　本節では、それら 2 つをとりあげる。

## (1) インターネット時代への突入

　インターネットは、もともと米国において軍事用、その後は学術用に開発された通信制御手順であるが、1990 年代には、米国のインターネット商用サービスが実現した。その後、インターネットは、急速な勢いで社会全体に普及した。

　インターネット・サービスを支える IP 技術は、もともと固定通信ネットワークに接続されたコンピュータ相互間のデータのやり取りに用いられていたが、移動電話にも導入され利用可能となった。その後、個人がどこでも持ち運び可能な移動電話という通信端末で、通信ネットワークに接続されているサーバー内の多様な情報に容易にアクセス可能となり、インターネット・サービスは、単に、情報通信市場内の変化ではなく、社会全体にも大きな影響力をもたらすサービスに変容した。

　インターネットの登場により、それまでは、あまり注目されていなかった通信分野におけるプラットフォーム機能が大きな役割を果たすようになった。これまでの音声通信あるいは記録通信では、情報の送り手と受け手の関係は、1 対 1 あるいは 1 対多数を原則としており、そこでは双方向あるいは一方向的な情報流通が行われてきたが、インターネットの登場により、受け手の能動的な情報検索が可能となり、そのような情報検察を媒介する事業者が大きな影響力をもつようになった。その典型は、米国で検索サービス会社として設立されたグーグル（Google）であろう。

　すなわち受け手である通信利用者は、Google の検索機能を用いて自らの意思でネットワークにリンクしているサーバーに格納されている多様な情報にアクセスし、能動的に自らが欲する情報を入手可能となった。さらには、自らが創造した情報をインターネット・サービス事業者の提供するサーバーに保存し、受け手自らが送り手になるという新たな機能も加わった。その典型例がブログである。

インターネット以前においても、ビデオテックス（日本での名称はキャプテン）、あるいはオフトーク通信は、プラットフォーム的機能をネットワーク内に内包していた。さらに、音声通信時代から存在していた電話帳も活字メディアではあったが、プラットフォーム機能をもっていたといえよう。しかし、ネットワーク事業者ではなく、Google のような非ネットワーク事業者が提供するプラットフォーム機能が大きな社会的影響力をもつようになり、ネットワークとプラットフォームを分離するという見方が一般化してきた。そのような「情報の生産」、「プラットフォーム」、「ネットワーク」、「端末」という４層構造を示しているのが図表 1-3 である。

伝統的な情報通信制度には、プラットフォームという概念は存在しない。後述するように、この概念をどのように位置づけ、どのような規制を与えるかあるいは与えないかというのは、後述する水平レイヤー型規制においても大きな課題の１つとなっている。

図表 1-3
通信産業におけるネットワークとプラットフォームの分化

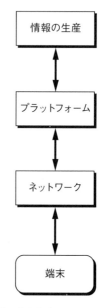

出典：筆者作成

## （2）通信と放送の融合

放送は、もともと、無線通信の特殊形態として登場した情報サービスであり、放送に利用可能な周波数帯が限定されているという理由により参入規制が課され、限られた放送事業者だけでの寡占的な市場が形成されてきた。参入規制は厳格であり、参入には電波資源を一元的に監理している国からの許可、すなわち免許状が必要であった。制度的には、一定の期間を定めた免許状ということで免許の更新時には、既存事業者に代わる新規事業者の参入も

可能であるが、現実には、ほとんどの場合、既存事業者が引き続き免許を更新している。その点からは、市場の競争機能は限定的であった。

　地上波を利用した放送はラジオからテレビへと技術的発展をとげるが、その過程においては大きな制度上の変化はみられなかった。放送の場合、通信とは異なり、国によりその制度枠組みは若干異なるが、日本と米国においては、いわゆる「ハードとソフトの一致」原則の下に、事業が運営されてきた。それは、番組伝送をするネットワークの所有者（無線免許保有者）と番組を制作・編成する番組提供者の一致という意味である。

　もう1つ、放送にとって重要な制度枠組みは、放送番組編成に関わる規程である。放送番組規程にあたっては、放送番組の種別（教養、教育、報道、娯楽番組等の区分）を定める、放送番組の適性を図るため放送番組審議機関を設置するなどの規程がある[4]。

　このような規程は、その後に成立した有線テレビジョン放送法および委託放送および受託放送事業にも適用される。特に、有線テレビジョン放送法は、それまで無線通信の特殊形態であった放送という概念を有線通信の領域にも拡大したということで注目される。また、そこでは、地上波放送にはみられない設備事業（有線テレビジョン放送設備）とサービス事業（有線テレビジョン放送事業）を分離するという制度も導入されている。

　他方、衛星放送、特に、通信衛星を用いた衛星放送にはこれまでの放送制度にはない2つの新たな概念が導入された。第1は、委託放送と受託放送という概念である。具体的には、受託放送事業者とは通信衛星事業者（ハード事業者）であり、委託放送事業者は受託放送事業者から衛星中継器を借り受け、自らが編成した番組を提供するソフト事業者である。これまで地上波放送においては、「ハードとソフトの一致」という原則が存在していたが、この制度の導入は、放送において「ハードとソフトの分離」が実現されたことを意味する。ただし、事実上は分離しているハードとソフトの紐帯関係を制度上から担保するために両者の契約を国が認定するという仕組も同時に導

---

4　放送番組編成については、注6にて後述する新放送法第5条、放送番組審議機関については、新放送法第6条を参照のこと。

入された[5]。

　衛星放送では、「ハードとソフトの分離」により、放送サービスでありながら通信衛星により消費者に直接放送サービスを提供することが可能となった。このようなケースは、これまでも例外的にケーブル・テレビには存在していたが、制度の中核にこのような形態が導入されたのははじめてである。

　また、制度上の規程は存在しないが、スカイパーフェクト TV というプラットフォーム事業者が登場した。インターネットにおけるプラットフォーム機能の重要性に触れたが、スカイパーフェクト TV は、複数の委託放送事業者を束ね、そのチャンネルを顧客に販売する。その機能はケーブル・テレビ事業者のもつチャンネル編成機能とも共通する点があり、また、チャンネル編成ではなく番組の編成であるが最終消費者に向けた広告とかマーケティングというポイントからみると地上波放送の番組編成機能とも共通点がある。その意味から、これらの機能はいずれもプラットフォーム機能に分類できる。

　図表 1-4 に示すように、プラットフォームは、だれがその機能を担っているかという点でも差異がある。このなかで、地上波放送は、もっとも垂直統合化が進んでおり、逆に、通信衛星を利用した CS 放送は最も垂直分離が進んでいる。すなわち、地上波放送では、前述した「ハードとソフトの一致」原則で示したようにプラットフォームとネットワークの所有と運営は一元化されており、CS 放送では、それは委託、受託、さらにはプラットフォーム事業者と完全に 3 つの独立した事業者に分離されている。

　加えて、2001 年成立の電気役務利用放送法は、有線と無線双方の通信ネットワークを利用した放送サービスの提供を可能とした制度改定である[6]。

---

5　放送法第 52 条の 13 には、以下の規定があり、委託放送事業者と受託放送事業者間の契約を国が認定するという制度を設けている。
　委託放送業務を行おうとする者（委託国内放送業務を行う場合における協会を除く。）は、次の各号のいずれにも適合していることについて、総務大臣の認定を受けなければならない。
6　2010 年秋に成立した放送法改正により、有線テレビジョン放送法、有線ラジオ放送法、電気通信役務利用放送法は廃止され新放送法に統合されている。以下を参照。総務省デジタル時代の放送制度の在り方に関する検討会資料（資料 1-3）、『放送を巡る現状』、「放送の算入制度（放送法等の一部を改正する法律（平成 22 年法律第 65 合）による改正）17 頁および谷脇康彦（2011）「新放送法と新たな事業モデルの模索」、『インターネット白書 2011』、インプレスジャパン、135 〜 137 頁。

図表 1-4　融合時代の情報通信産業構造

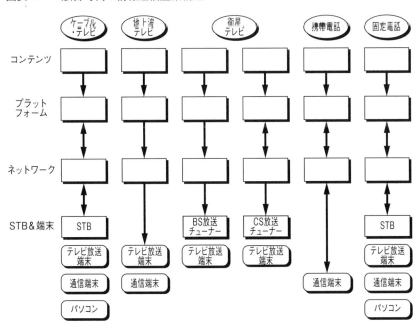

出典：筆者作成

## 第4節　水平分離型ネットワーク（2010年から2020年）

　これまで情報通信ネットワークは、図表1-4で示したように、放送系のネットワークは、ケーブル・テレビ、地上波放送、衛星放送という3つのネットワーク、通信系ネットワークは、移動電話と固定電話の2つのネットワークが、垂直的な結びつきのなかで成長をし、独自のコンテンツ、プラットフォーム、およびネットワークで構成されていた。ネットワークにはそれぞれ専用の端末層があり、それぞれのネットワークは垂直的に端末層とリンクしておりネットワーク間の水平的なつながりはなかった。

　換言するならば、図表1-4には、通信と放送という大きな制度枠組みで縦型に分類されていた産業群が、コンテンツ、プラットフォーム、ネットワー

クに分離され、さらにその下に端末とセット・トップ・ボックス（STB）が示されている。それぞれのサービスを享受するためには、ケーブル・テレビには専用の STB、地上波と衛星には、それぞれの専用アンテナが必要である。通信においても移動電話には、それぞれの専用端末が接続されている。

　このような垂直型の情報通信ネットワーク構造は、2010 年代に入り、図表 1–5 で示されているように垂直構造から水平構造に変容をはじめた。

　垂直型から水平型への移行に伴い、コンテンツ層と STB ＆端末層には水平化が進んでいる。以下では、各層ごとに、水平化は、どのような変化をもたらしたかを明らかにしたい。

## （1）コンテンツ層

　コンテンツ層では、これまで各サービス単位に独自コンテンツが製作されてきたが、それに加え、他サービスのコンテンツも加わるという変化が生じている。その変化が特に顕著なのは、インターネット経由で提供されるコンテンツであり、そこには地上波放送、映画などのコンテンツが国内にとどまらず海外からのコンテンツも含めて流入している。具体的事例としては、衛星放送で視聴可能な韓国ドラマが、インターネット系のネットフリックス（Netflix）でも視聴可能というケースがある。

　インターネットの登場前は、ハリウッド映画にはウィンドウ戦略が存在し、映画会社が、劇場、有料放送、無料放送とそれぞれのウィンドウの公開時期をずらして同一コンテンツを流し、1 つのコンテンツからあげられる収入の最大化を目指すという戦略がとられてきた[7]。ウィンドウ戦略自体は、今日でも活用されているが、コンテンツ層の水平化は、ハリウッド映画に代表されるコンテンツ製作側の市場支配力を徐々に弱体化させている。

　極論すると、今日は、同一のコンテンツが 5 つのネットワークのコンテンツ層で競合するという現象も生じうる。

---

7　菅谷 実・中村 清・内山 隆編（2012）『映像コンテンツ産業とフィルム政策』，丸善，42 〜 45 頁。

図表1-5　水平型の情報産業構造

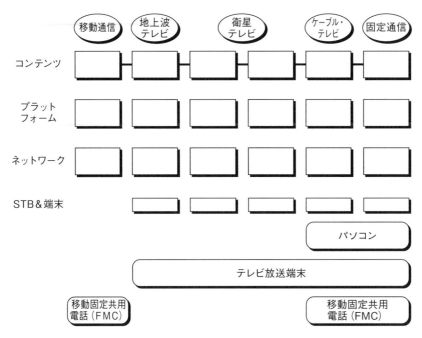

出典：筆者作成

## (2) プラットフォーム層

　情報通信法制においてはプラットフォーム層を直接規制する制度は存在しない。この層を支配しているのは Google、フェイスブック（Facebook）、アマゾン（Amazon）のような米国のグローバル・プラットフォームである。近年では、映像コンテンツに特化したグローバル・プラットフォームとして、Netflix、フールー（Hulu）などの動きが注目されている。これらの会社は、もともと米国内において、独自のプラットフォームで劇場映画などのコンテンツを提供してきた。それは、ケーブル・テレビの有料チャンネルと競合するサービスで、通称 OTT（Over-The-Top）サービスと呼ばれている。ここでの"Top"とは、ケーブル・テレビの"Set Top Box"の"Top"の略称である。すなわち、毎月、ケーブル・テレ会社に高額な有料チャンネル料を支払うことなく、"Set Top Box"なしで、映画視聴を可能としたサービ

スである。OTT は、ケーブル・テレビの "Set Top Box" を飛び越して、ケーブル・テレビの有料チャンネルと同様の映像コンテンツを提供するサービスとして米国国内にとどまらず、日本市場のおいてもその影響力を増している。

### (3) ネットワーク層

　ネットワーク層は、伝送サービス部門と伝送設備部門に分類される。現在の制度においては固定通信のネットワークが最も規制緩和が進んでおり、ネットワークのオープン化を支える制度（接続料金規制、ネットワーク情報の開示、サービス事業者への公平な設備提供）が整備されている。このネットワーク層に関しては、垂直統合時代と比較して、その構造に大きな変化はないが、図表 1-5 で示されるように、移動通信ネットワークをのぞくと、残り 4 つのサービスは、すべてテレビ放送端末に接続可能となっており、特に、ケーブル・テレビと固定通信のネットワーク市場における競争は激化している。

　地上波テレビと衛星テレビは自らのネットワークでインターネット・サービスを提供していないので、通信系の 2 つのネットワークとは直接的な競合関係にはないが、これまで、テレビ局が独占的に使用していた家庭のテレビ受信機にインターネットが接続可能となることにより、テレビ放送番組の視聴時間を奪われるという可能性が生じてきた。また、テレビ受信機自体を保有しない若者が増えている現状は、放送収入を広告に依存している地上波テレビ局から、F1、M1 層（20 歳から 34 歳までの女性、男性）というテレビ広告スポンサーが好む視聴者層を奪うという直接的なマイナス効果をもたらす。

### (4) 端末層

　端末層では、通信と放送の融合あるいは有線端末と無線端末の共通化が進んでいる。

　2011 年には地上波のデジタル化が完了し、図表 1-5 に示されているすべてのネットワークはデジタル化した。すべてのネットワーク層がデジタル化されることによりコンテンツ層にある情報は、どのネットワークを経由して

も提供可能となる。しかし、現実には、情報サービスに関わる著作権および著作隣接権の処理は、従来の通信と放送により異なり、特に、通信ネットワーク経由の流通には、新たに著作権および著作隣接権の許諾をうるための処理が必要となるため、その権利処理費用も必要となる[8]。

　また、近年、家庭用の大型テレビのリモコンには、チャンネル番号ボタンに加え、Netflix、Hulu などの選択ボタンも追加されている。すなわち、家庭のテレビは、地上波、衛星などの放送系アンテナの端子だけではなく、インターネット接続用の端子も追加され、前述したように、放送専用の端末という時代は終焉を迎えている。

## 第5節　5G 時代の情報通信産業構造（2021 年〜）

　第2節においては、1980 年代に生まれた新たな通信ネットワークとして移動通信ネットワークを紹介した。最初に登場した第1世代の移動通信ネットワーク（1G）では、アナログ方式の携帯電話サービスが登場した。1990 年代の第2世代となると通信方式はデジタル化されパケット通信が導入され、2000 年代の第3世代になると端末に静止画カメラが搭載されインターネットへの接続も可能となった。2010 年代には第4世代（4G）となり、スマートフォンが登場し、日々のニュース、防災情報、地域情報など日常生活においても必需の情報がスマートフォンにより提供される時代となった。

　そのような技術進化のなかで 2019 年に登場した 5G では、図表 1-6 にも示されているように、スマートフォンを介した人対人のコミュニケーションから、モノ対モノのコミュニケーションにその利用範囲を広げ、産業分野にとどまらず社会生活のあらゆる分野に、その影響力を拡大させつつある[9]。

　20 世紀初頭に米国で構築された通信と放送という2つ情報サービスを基軸とする情報通信産業構造は、それぞれ垂直型の産業構造を構築しながら発展をとげてきたが、インターネットの登場以降、それは水平型に移行してき

8　小向太郎（2008）『情報法入門』，NTT 出版，44 〜 45 頁。

図表 1-6　5G時代の情報産業構造

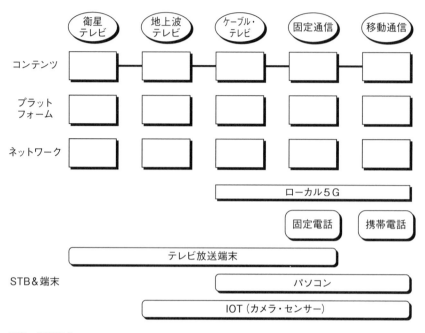

出典：筆者作成

た。今後、現在の水平構造型の情報通信産業構造は、すぐに崩壊をするとい
うシナリオは描きづらいが、5G さらに 6G と急速な勢いで進化を続ける移
動通信ネットワークは、図表 1-6 で示したその他の 4 つのネットワークと
の関係性を高め、ポスト 5G の時代には、衛星系も含めたネットワークとの
関係性には、多様なシナリオが描ける時代が到来しようとしている。

　5 つの情報通信ネットワークに対する従来型の規制枠組みも大幅な見直し
がせまられる時代も遠からずやってくる。移動通信ネットワークの高度化が
産業構造自体を変革させるパワーをもつというシナリオが現実の市場におい

9　5G が社会をどのように変えるのかというテーマは、2019 年後半には、多くの雑誌、新
　　聞にもとりあげられた。例えば、ICT 分野の専門誌である以下では、「5G が変えるく
　　らし」というテーマで、次世代医療サービス、AI と 5G による都市の安全、スポーツ
　　観戦など多様な分野での 5G の活用が紹介されている。情報通信総合研究所（2019）『イ
　　ンフォコム』, NTT 出版, 2019 年夏季号, vol. 31。

ても具現化しつつある。

（菅谷　実）

# 第 **2** 章 ネットワークの進化とイノベーション

## はじめに

　インターネットの出現から約半世紀がたち、技術面だけでなく、ノウハウ・スキルの面でも蓄積が進んできた。今日、情報通信分野は産業として確固たる地位を築いただけでなく、他産業を通じてあらゆる課題を解決する力をもつに至っている。そのなかで5Gは今後の移動体通信システムの方向性を規定し、これらの動きを促進する潜在的可能性を有しているといえる。

　それらを顕在化させ真価を発揮させるためには、普及・浸透は努力目標ではなく必須の条件である。それゆえ、技術面・制度面だけでなく、普及を視野に入れた考察も必要なのではないか。

## 第 1 節　情報と産業―ネットワークの進化がもたらすイノベーション

### （1）情報通信産業

　情報についての評価は人によって様々であり、何らかの価値判断と無縁に扱うことができるだろうか。ただ情報量に限れば、内容あるいは質を問わずに良し悪しが判断できよう（一般的に「ネットワークの中立性」と呼ばれる議論を参照）。大量の情報を高速に移動させるスペックをもち、これまでは不可能だった表現、リアルタイムでのやり取りを可能とする5G（5th Generation mobile phone system 第 5 世代移動通信システム）は、取引費用に位置づけられるもの、ひいては不確実性を大幅に削減していくことが期待される。

図表 2-1　情報通信産業の分類

| 中分類 | 小分類 | 細目 |
|---|---|---|
| 通信業 | 管理、補助的経済活動を行う事業所 | 主として管理事務を行う本社等 / その他の管理、補助的経済活動を行う事業所 |
| | 固定電話通信業 | 地域電気通信業（優先放送電話業を除く）/ 長距離電気通信業 / 有線放送電話業 / その他の固定電気通信業 |
| | 移動電気通信業 | 移動電気通信業 |
| | 電気通信に附帯するサービス業 | 電気通信に附帯するサービス業 |
| 放送業 | 管理、補助的経済活動を行う事業所 | 主として管理事務を行う本社等 / その他の管理、補助的経済活動を行う事業所 |
| | 公共放送業（有線放送業を除く） | 公共放送業（有線放送業を除く） |
| | 民間放送業（有線放送業を除く） | テレビジョン放送業（衛星放送業を除く）/ ラジオ放送業（衛星放送業を除く）/ 衛星放送業 / その他の民間放送業 |
| | 有線放送業 | 有線テレビジョン放送業 / 有線ラジオ放送業 |
| 情報サービス業 | 管理、補助的経済活動を行う事業所 | 主として管理事務を行う本社等 / その他の管理、補助的経済活動を行う事業所 |
| | ソフトウェア業 | 受託開発ソフトウェア業 / 組込みソフトウェア業 / パッケージソフトウェア業 / ゲームソフトウェア業 |
| | 情報処理・提供サービス業 | 情報処理サービス業 / 情報提供サービス業 / 市場調査・世論調査・社会調査 |
| | その他の情報処理・提供サービス業 | |
| インターネット付随サービス業 | 管理、補助的経済活動を行う事業所 | 主として管理事務を行う本社等 / その他の管理、補助的経済活動を行う事業所 |
| | インターネット付随サービス業 | ポータルサイト・サーバー運営業 / アプリケーション・サービス・コンテンツ・プロバイダ / インターネット利用サポート業 |

19

（図表 2-1　つづき）

| | | |
|---|---|---|
| 映像・音声・文字情報制作業 | 管理、補助的経済活動を行う事業所 | 主として管理事務を行う本社等 / その他の管理、補助的経済活動を行う事業所 |
| | 映像情報制作・配給業 | 映画・ビデオ制作業（テレビジョン番組制作業、アニメーション制作業を除く）/ テレビジョン番組制作業（アニメーション制作業を除く）/ アニメーション制作業 / 映画・ビデオ・テレビジョン番組配給業 |
| | 音声情報制作業 | レコード制作業 / ラジオ番組制作業 |
| | 新聞業 | 新聞業 |
| | 出版業 | 出版業 |
| | 広告制作業 | 広告制作業 |
| | 映像・音声・文字情報制作に附帯するサービス業 | ニュース供給業 / その他の映像・音声・文字情報制作に附帯するサービス業 |

出典：総務省統計局資料等から筆者作成

　情報通信は、産業のなかでどれくらいの位置を占めているのだろうか。日本標準産業分類にしたがって考察しよう（図表 2-1）。同分類のなかで、情報通信業は「通信業」「放送業」「情報サービス業」「インターネット付随サービス業」「映像・音声・文字情報業」から構成される。情報を扱うという観点からすれば、この分類は適切なものに思われるけれども、違和感がないわけではない。図表 2-2 は国内総生産に占める 2019 年の構成比を、図表 2-3 は産業別に就業者数を示したものである。

　日本標準産業分類における情報通信業という枠組みではなく、総務省が規定する情報通信産業（図表 2-4 参照）でみれば、国内生産額（2019 年、名目）は、全産業の 10.4％に当たる 108.4 兆円、雇用者数（2019 年）は全産業の 5.6％に当たる 405.8 万人にのぼっている[1]。

　5G は通信業のうち移動電気通信業に関わるものにすぎないが、経済・社

---

1　総務省『情報通信白書』（令和 3 年版）参照。

図表 2-2　産業別国内総生産の構成比（2019 年）

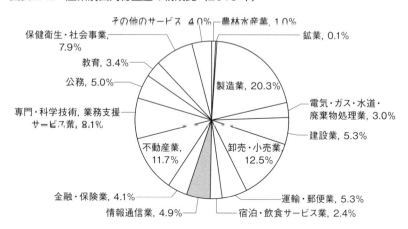

出典：内閣府「2019 年度国民経済計算年次推計」より筆者作成

図表 2-3　産業別の就業者数（2019 年）

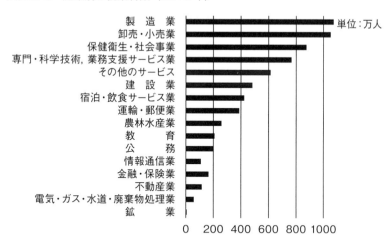

出典：総務省ホームページ（https://www.soumu.go.jp/johotsusintokei/statistics/
statistics05.html , 2022 年 7 月 27 日閲覧）より筆者作成

会活動の前提となる情報を扱っているだけに、情報通信産業、ひいては産業
全般の枠組みを変える可能性を有する。現時点では想像もつかないけれど、
全く異分野に属していたものが区分され直すかもしれないし、枠組みそのも

図表 2-4　情報通信産業の概要

| 情報通信産業の範囲 | 情報通信産業連関表の部門 |
|---|---|
| **1．通信業** | |
| 固定電気通信 | 固定電気通信 |
| 移動電気通信 | 移動電気通信 |
| 電気通信に附帯するサービス | 電気通信に附帯するサービス |
| **2．放送業** | |
| 公共放送 | 公共放送 |
| 民間放送 | 民間テレビジョン放送・多重放送<br>民間ラジオ放送<br>民間衛星放送 |
| 有線放送 | 有線テレビジョン放送<br>有線ラジオ放送 |
| **3．情報サービス業** | |
| ソフトウェア | ソフトウェア業 |
| 情報処理・提供サービス | 情報処理サービス<br>情報提供サービス |
| **4．インターネット附帯サービス** | |
| インターネット附帯サービス | インターネット附帯サービス |
| **5．映像・音声・文字情報制作業** | |
| 映像・音声・文字情報制作業 | 映像・音声・文字情報制作業（除、ニュース供給業） |
| 新聞 | 新聞 |
| 出版 | 出版 |
| ニュース供給 | ニュース供給 |
| **6．情報通信関連製造業** | |
| 電子計算機・同付属装置製造 | パーソナルコンピュータ<br>電子計算機本体（除、パソコン）<br>電子計算機付属装置（除、携帯電話機） |
| その他の電気通信機器製造 | |
| フラットパネル・電子管製造 | フラットパネル・電子管 |

（図表 2-4　つづき）

| | |
|---|---|
| 半導体素子製造 | 半導体素子 |
| 集積回路製造 | 集積回路 |
| 液晶パネル製造 | 液晶パネル |
| その他の電子部品製造 | その他の電子部品 |
| ラジオ・テレビ受信機・ビデオ機器製造 | ラジオ・テレビ受信機<br>ビデオ機器・デジタルカメラ |
| 通信ケーブル製造 | 通信ケーブル・光ファイバケーブル |
| 事務用機械器具製造 | 事務用機械 |
| 電気音響機械器具製造 | 電気音響機器 |
| 情報記録物製造 | 情報記録物 |

7．情報通信関連サービス業

| | |
|---|---|
| 情報通信機器賃貸業 | 電子計算機・同関連機器賃貸業 |
| | 事務用機械器具（除、電算機等）賃貸業 |
| | 通信機械器具賃貸業 |
| 広告業 | 広告 |
| 印刷・製版・製本業 | 印刷・製版・製本 |
| 映画館・劇場等 | 映画館、劇場・興行場 |

8．情報通信関連建設業

| | |
|---|---|
| 電気通信施設建設 | 電気通信施設建設 |

9．研究

| | |
|---|---|
| 研究 | 研究 |

出典：総務省『情報通信白書』（令和3年版）p.463 より引用

のの再検討を余儀なくされるかもしれない。

## (2)「産業の情報化」と「情報の産業化」

　今日多くの場合、端末を含むあらゆる情報通信機器には単純な枠組みを越えた機能が求められており、それらを満たすことが必須になっているように

みえる。ただ情報伝達のあゆみをふりかえれば、人々のニーズに応えて安心で安定した情報の伝達を可能とする方向に、技術は発達してきたという潮流から大きく逸脱することはないのではないか。さらに5Gは1つの到達点ではあるものの、それで終わりではなく、新たな出発点でもあることも認識しなければならない。

　様々な産業で情報に関連した労働や中間投入が増加していくことを「産業の情報化」[2] とすれば現在急ピッチでそれが進行しており、きめのあらい工業に対するきめこまかな情報産業的要素を導入する必要があるのではないかという1960年代末になされた主張[3] が思い出される。ここで注意したいのは、日本の産業がこれまで情報の利用を軽視していたわけではなく、明示的か否かは別として、むしろ強みの源泉としてきたことである。例えば、自動車製造分野における系列システム、コンビニエンスストア等で代表的にみられるPOS（Point Of Sales 販売時点情報管理）システム、ラグビー・フットボール型の新製品開発[4] 等があげられる。確立してきた強みの源泉が、逆にマイナスに働いてしまった面もある・・・IoT（Internet of Things）を考えるとき、技術面だけではなく、意識面も視野に入れざるを得ない。

　一方「産業の情報化」に伴って、情報関連のサービスを提供する主体が独立した産業を形成し発展していくことを「情報の産業化」[5] とすれば、今日それが急速に進んでいるだけでなく、将来的に規模はますます拡大していくと推測される。先駆形態ともいえるものは多々存在しており、どういう方向に拡大していくかは、それらからヒントが得られるのではないか[6]。

　現在、日本の情報通信産業は必ずしも世界全体をリードする存在ではない。かつて産業界全般がかなり先進的な形でICT（Information and Communication Technology　情報通信技術）を利用し、さらなる発展につなげていたことを反映して、情報通信産業はリーティング産業の1つであった。しかしながら、その後ICTに関わる製造業は輝きを失ったように

---

2　篠崎彰彦（2014），86・87頁参照。
3　梅棹忠夫（1962）参照。
4　竹内宏高・野中郁次郎（1999）参照。
5　篠崎彰彦（2014），87・88頁参照。
6　梅棹忠夫（1962）参照。

みえる[7]。先を見通していた人たちは存在していたのは確かであるが。ただ顧客により適切に対応しようとして合理的な行動をとった結果、業績が悪化してしまうという「イノベーションのジレンマ」、有益なイノベーションが一般には普及しなかった、あるいは普及に多大な時間を要してしまった豊富な事例をあげながら「イノベーションの普及」について考察したロジャースの議論[8]等をみると、複雑な心境になる。

## (3) 産業の変容　－ネットワークの進化とイノベーション－

　ネットワークについての一般論は、「ノード（結節点）がリンク（もしくはアーク、弧）でつながって、Net（網）状となって機能する」「もともとはノード・リンクともに物理的な存在であったが、時代が進むにつれてノードは物理的、リンクは非物理的な存在をも含むように概念は変化してきた」「ネットワークを構成する理由は、バラバラに存在するよりも結びつくことによって効果（ネットワーク効果）が得られるから」であろう。こうした一般論を踏まえて、通信のネットワークを確認しておこう。

　現時点では、パケット（packet）交換により回線を占有しない IP（Internet Protocol）ネットワークが優勢となりつつも、かつて主流であった電話サービスに特化したネットワーク（PSTN：Public Switched Telephone Network 公衆交換電話網）、モバイルネットワークが相互に連携しつつ、1つのネットワークを形成している（図表 2-5）。PSTN から IP ネットワークへの移行が料金をはじめとする制度面にも大きく影響していることを強調しておこう。例えば PSTN では、通信するために発信側と着信側の回線経路を設定し、通信中それを専有する必要がある。そのため、コストは距離と時間に比例することとなり、料金制度は従量制が基本となる。それに対して

---

7　例えば、『情報通信白書』（令和元年版）では、「①半導体集積回路は、ムーアの法則による価格低下圧力をもたらす、②プログラム内蔵方式は、付加価値の源泉をソフトウェアに移す、③プログラム内蔵方式では処理の対象も手続きもデジタル化される、④インターネットは、企業間取引コストを下げ、分業が促進する、という、4点に日本企業は対応しなかったこと」「ICT 分野において世界市場を席巻するような企業が登場しなかった」ことがあげられている。
8　Everett M.Rogers（2003）参照。

図表 2-5　PSTN と IP ネットワークの比較

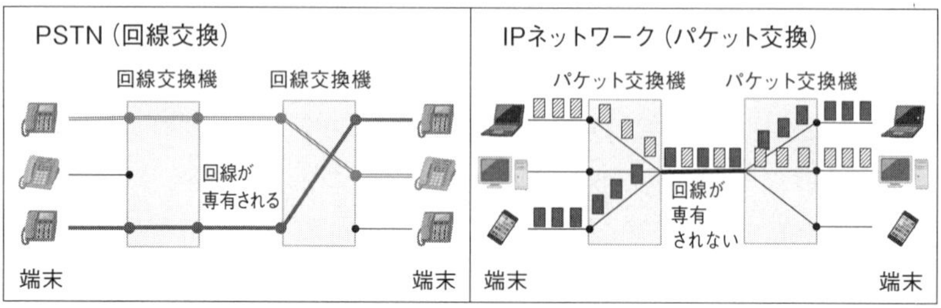

出典：総務省（2019）『平成の情報化に関する調査研究』p.6

　IP ネットワークでは、複数の通信で同じ回線を共有でき、必要なルータや
スイッチの価格が相対的に安価であることから、既存の料金制度を採用する
必要には迫られない。IP ネットワークを利用することにより、料金を著し
く低下させるだけでなく、画像・映像のような大容量のデータの送信が可能
となるので、PSTN から徐々に移行が進められ、端末間の通話は 2025 年 1
月までに PSTN から IP ネットワーク経由にすべて切り替わる予定となって
いる[9]。
　IP ネットワークのうち世界最大といえるものがインターネット[10]であり、
構造を概観しておく（図表 2-6）。インターネットでは、個々の自律的なネッ
ト ワ ー ク（AS：Autonomous System） 間 で BGP（Border Gateway
Protocol）というルールにしたがって、経路情報を交換することで通信を行
う。AS をもつ事業者同士がネットワークを接続するに当たっては、対応規
模の事業者同士が合意により相互接続する「ピアリング」、上位の ISP
（Internet Service Provider インターネット接続事業者）を経由して他の
ISP につないでもらう「トランジット」を組み合わせることとなる。
　ところで、情報通信ネットワークの形は企業間の関係と全く無縁ではな
い。採用しうるネットワークのあり方は直接的にせよ、間接的にせよ、企業
間の関係の量的・質的な変化につながっている（図表 2-7，図表 2-8）。

---

9　総務省『情報通信白書』（令和元年版）p.25 参照。
10　総務省『情報通信白書』（令和元年版）p.26 参照。

図表2-6　インターネットにおける通信

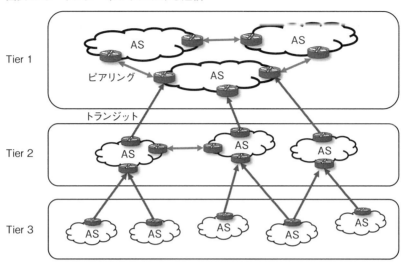

出典：総務省（2019）『平成の情報化に関する調査研究』p.7

　従来の産業は企業間あるいは業界間をまたがる付加価値の連鎖で強みを発揮してきた。例えば、自動車産業では多くの場合、素材から部品を作り、部品を組み立て、それらを車体に取り付け自動車を完成させ、ディーラーで売るという各主体がチェーンのようにつながり系列をなしていた。この仕組みは中間組織という概念で説明されることが多く、そこでは「情報」が大きな役割を果たしていた。それに対して、情報通信産業を中心に一般的になりつつあるのは、「レイヤー構造」である。形だけとらえれば、複数の「補完財」が複雑に絡み合って1つの構造をなしている状態にも、かつて日本で大きな役割を果たしてきた企業グループの延長線上にあるものにもみえる。その意味では特別なものではないかもしれない。ただ、巨大テクノロジー企業(メガテック企業)は程度の差こそあれプラットフォーマーとして機能しており、日本企業の多くもそうなることを志向している。それゆえ、従来とは異なる視点からの考察も求められよう。

図表 2-7　バリューチェーンとレイヤー構造

バリューチェーン
ステージ1 ステージ2
ステージN
素材購入
製造
販売
消費者
ステージが連なって製品／サービスができあがる
消費者はバリューチェーンの最終ステージにのみ直接アクセス可能
業界間にまたがる付加価値連鎖 ＝バリューチェーン
レイヤー構造
業者間にまたがるレイヤーの集まり ＝ビジネス・レイヤー
レイヤーが積み重なって製品／サービスができあがる
レイヤーⅢ
レイヤーⅡ
レイヤーⅠ
消費者
消費者が各レイヤーに対して直接アクセス可能

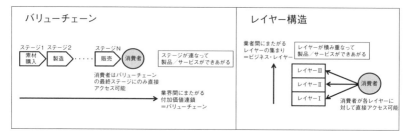

出典：内閣府『平成 30 年度　年次経済報告書』図 3-1-1 を加工して引用

図表 2-8　レイヤー別の対象市場

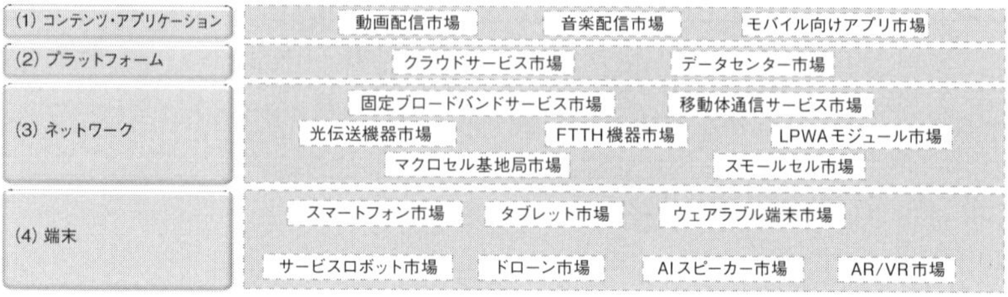

(1) コンテンツ・アプリケーション
動画配信市場
音楽配信市場
モバイル向けアプリ市場
(2) プラットフォーム
クラウドサービス市場
データセンター市場
(3) ネットワーク
固定ブロードバンドサービス市場
移動体通信サービス市場
光伝送機器市場
FTTH 機器市場
LPWA モジュール市場
マクロセル基地局市場
スモールセル市場
(4) 端末
スマートフォン市場
タブレット市場
ウェアラブル端末市場
サービスロボット市場
ドローン市場
AI スピーカー市場
AR/VR 市場

出典：総務省『情報通信白書』(平成 30 年版 p.8)

## 第 2 節　転換期を迎えるインターネット

時間と空間からの制約を取り払ったインターネットの起源は、米国の国防総省の資金提供により 1967 年に研究を開始したパケット通信のネットワーク、ARPRAnet (Advanced Research Agency Network) に求められ、非営利の用途での発展を経て商用化が始まる。核となるユーザーを踏まえて、試行錯誤[11]を繰り返しながら今日の姿になったことは共通していることに留意しよう。

ここで注意しておきたいのは、インターネットの代名詞にも思われる

11　日本におけるインターネットの起源は JUNET（Japan University NETwork）に求められ、これも今日日常的に使うインターネットのイメージとは異なる学術用のものであった。

www（world wide web）がインターネットそのものではないことである。コミュニケーションを通じてインターネットが日常生活全般に溶けこむうえで大きな役割を果たしてきたことは確かであり、その進化が引き続きコミュニケーションをリッチなものとしていくことが期待される。ただし次節で触れるように、これから先wwwという形を取らないでインターネットの特性を生かす局面も増えていくのではないか。

　図表 2-9 は世帯別のインターネット利用率の推移を示したものである。このグラフから、時間とともに量的な拡大が鈍化していることがわかる。図表 2-10 とあわせて、日本で商業利用されるようになってからインターネットの急速な発展とハード面の整備・高度化が相互に依存しあっていること、高速化の大容量化が進むなかで、光ファイバーを活用するサービスの普及が進んでいることが類推される。また、図表 2-11 はインターネットを利用する際の機器の推移を示したものである。これら一連のグラフから、利用率の低い世代、利用率の低い地域に対応することで、改善の余地があるのかもしれないが、さらなる飛躍のために単純な量的拡大には期待できない、ということがいえるのではないか。

図表 2-9　インターネット利用率の推移

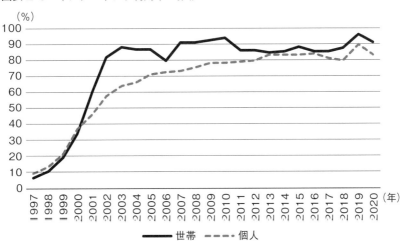

出典：総務省（2022）『通信利用動向調査』より筆者作成

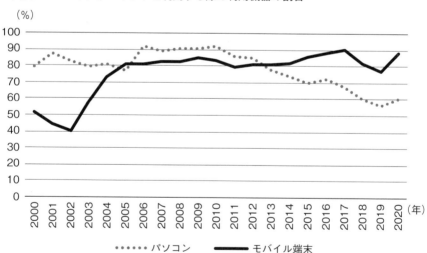

図表2-10　固定系ブロードバンドサービス等の契約数推移

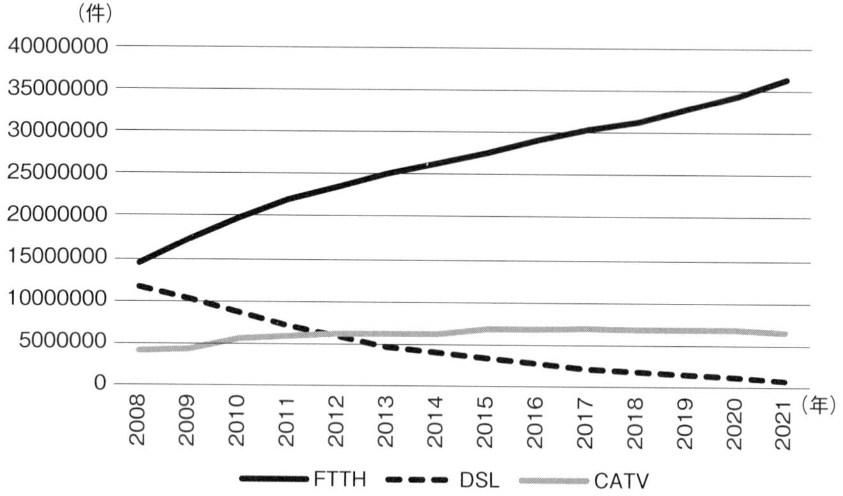

出典：総務省（2022）『通信利用動向調査』より筆者作成

図表2-11　インターネットを利用する際の利用機器の割合

出典：総務省（2022）『通信利用動向調査』より筆者作成

　ハード面の発展とインターネットの進化は相互に依存しあっている。ここで商業利用されるようになってからのインターネットは急速な発展に、ハー

ド面が大きく貢献してきたことを確認しておこう。

　高速化の競争のなかで、光ファイバーを活用するより高速の FTTH（Fiber To The Home）サービスも普及が進みそれが、さらに利便性をたかめて普及につながった。携帯電話が果たした役割の大きさも無視できない。2010 年にモバイル端末からのインターネット利用がパソコンを上回っている。

## 第３節　IoT のツール

　センサや無線通信技術の発展により、実際に生活したり働いたりするフィジカル（物理的）なデータ─製造業、農業、土木、医療、都市等あらゆる分野におよぶものであるが─を活用できるようになった。5G の出現により IoT のパーツはそろったのではないか。4G のスマートフォンもインターネット、コンピュータと結びついて単なる通話手段を越えてはいるものの、メインは人同士の情報交換に使われることであった。5G 以降の規格はその枠を大きく越える。

　リアルな世界から収集されたデータが大きな役割を果たす経済を「データ・ドリブン・エコノミー（データ駆動型経済）」としよう。こうした社会の姿は Society5.0 にも描かれており、「過去 20 年間はデジタル革命の「助走期」にすぎず、本当の意味でのデジタル革命はこれから幕を開ける」[12] との認識も示されている。もし、あらゆる面で「単なるデータが知識に変換され、意思決定に活用され、企業の行動に影響をあたえるときにはじめてデータが価値をもつ」といえるなら、よりそれに資するツールが有用だといえよう。現在、リアルな世界のデータの多くを扱っている LPWA（Low Power, Wide Area）に属するものは、消費電力ではきわめてすぐれているものの、「通信速度が遅い」「通信容量が少ない」といった点からビジュアルな表現はむずかしく、高速移動もできない。「バリューチェーンを構築し機能させる」「事業の規模を拡大する」、「既存の経営を効率化する」うえでは有効ではあるが、

---

12　森川博之（2019）より引用。

リアルタイムに臨場感が求められるような分野で様々な人々・組織のコラボレーションによって何かを生み出すうえでは限界があるといえよう。それに対して5Gは、ビジュアルに表現されたものを含む相当量のデータを高速で送ることができる。それらをリアルタイムに把握できることから、これまで以上にいろいろな局面で「範囲の経済性」が得られ、シナジー効果も享受されやすくなるのではないか。このことは、新たなビジネスチャンスを見出すきっかけを提供するであろう。

　人口密度が比較的高い地域で生活している人や比較的若い世代の人は、現在の通信事業者のCM等から時間の進行とともに一般化していくと予想される。「比較的年齢が高い世代でもスマートフォンが使われていること」、「データがあること」、「移動体通信事業者の料金プランの設定が5Gを前提にしていること」、「スマートフォンの端末が5G対応のものへと置き換わっていくこと」からすれば、時間をかければさらに一般化が進むと思われるけれども、悠長に構えていられるのだろうか。データ・ドリブン・エコノミーの到来を前に一刻も早く解決しなければならない社会的課題は多々あり、それに対応するだけのポテンシャルを5Gはもつ。それを生かすためには、できるだけ多くのシチュエーションで有効な使い方を確立しておく必要があるだろう。

## 第4節　イノベーションの普及

　現時点では思いもよらないが、「いわれてみれば理にかなっている」ような5Gの使い方を次々に生み出すためには、普及・浸透に相応のテマ・ヒマをかける必要があるだろう。「優れたイノベーションはそれ自身が売り物である。したがって、明らかに利便性の高いアイデアは、潜在的な利用者にも広く認識されていて、そのイノベーションは速やかに普及すると多くは信じている。しかし、このようなことはない」[13]と論じられていることに留意し

13　Everett M.Rogers（2003）参照。

よう。

　多々存在する障害を越えようとするという点では、「事業者への免許付与のあり方」に工夫を凝らし、「ローカル 5G 制度」を創設した総務省の試みは興味深い。また、具体的なユースケースの開発や実現可能性の確認について、すでに政府は 2017 年度から取り組んでおり、携帯事業者も積極的に自治体や企業など様々なパートナー関係を結んで対処していることも好ましく思われる。

　ただ、新たなアイデアや技術を個人が採用するために満たすべき、

　①比較優位性に優れていて、②適合性があって、

　③わかりやすいもので、④試用可能性が高く、⑤可視性が高いもの

という要件[14]に照らして、デジタルに対する利用者意識を確認すれば、それで十分といえるかどうか疑問である。それゆえ、有効性・実現性をめぐっては賛否両論あるけれども、様々な取り組みを踏まえて策定された「デジタル田園都市国家構想」に期待が寄せられる。特に、完全に実現できるか否かはともかくとして、5G の浸透・普及という点で「誰一人取り残さない」という目標を掲げたことの意義は大きいのではないだろうか。

　また、従来の役割とは異なるかもしれないものの、ICT 特に 5G の普及・浸透にあたってケーブル・テレビの動向にも注目される。総務省所管の社会実験の 1 つとしてなされた防災・避難に関する実験[15]で、目にみえる形での表現が多くの人々に有益なきっかけを提供することが確認されたからである。そこに住んでいる人に近いケーブル・テレビの意義を再度見直す価値があるのではないか。一連の社会実験を経た「（防災にかぎらず IoT 全般の観点で、無線インフラは）特に地方においてますます重要になっている。ICT を使った街づくりの基盤になると期待できる」とするケーブル・テレビ事業者の感想は興味深い。

---

14　Everett M.Rogers（2003）参照。
15　総務省　令和 2 年度　地域課題解決型ローカル 5 G 等の実現に向けた開発実証「防災業務の高度化及び迅速な住民避難行動の実現」。

## 第5節　展望

　5G は自身がこれまでの技術の集積に基づくイノベーションであるとともに、他産業のイノベーションを促進する存在である。シュンペーター（Schumpeter, J. A.）によって経済発展の手段としての地位が与えられたイノベーションは、「新しいものを生み出す、あるいは既存のものを新しい方法で生産すること」「経済の非連続発展をもたらす『新結合』」を意味し、かつて日本では「技術革新」という訳語が与えられた。ドラッカー（Drucker, P. F.）によりビジネス・マネジメントに適用された後、経営学やマーケティングの分野で豊富な考察が蓄積され、「これまでになかった製品・サービス

図表 2-12　イノベーション論の変遷

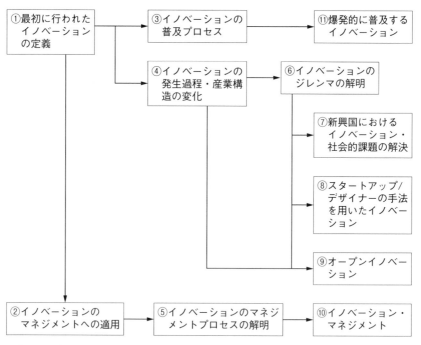

出典：オープン・イノベーション協議会 (2020)p.8 の図を抜粋して引用

や手法」によって人々の生活が豊かになり、従来の産業構造に大きな変化をもたらすもの」とするのが一般的であるように思われる（図表2-12）。

　これまで、新たな技術は多々登場し、すべてではないが、今日からすればあってあたりまえとなったものも多々ある。今、すべての産業分野に強い影響を与える基幹的な技術をGPT（General Purpose Technology　汎用技術）としよう。それに位置づけられるものは図表2-13のようにまとめられる。

　GPTは「成長のエンジン」かもしれないが、すぐに生産性の向上をもたらすわけではない。新規インフラ整備に要する時間、学習コスト、古い技術や技能の陳腐化等から、当初は、生産性を低下させる可能性がある。5G自体がGPTに位置づけられるか否かは定かではないが、GPTに位置づけられる有力な候補であるICTとセットになって機能するものといえる。

　ICTやIoTは問題すべてを解決する万能な処方箋ではないが、現実的でかつそれが一番妥当であると思われる。5Gはその進展を支える存在である。前述した通り、これまでの携帯電話・スマートフォン進化のプロセスから、各個人が5Gをどう受け止めるかはともかく、端末の動向と結びついて時間とともに普及していくように推測される。それゆえ、これまでの延長線上にあるヒト同士のコミュニケーションをより豊かにしていくという面は時間とともに充実していくかもしれない。もちろん、その速度を上げる必要があるのであれば、相応の対応を検討する必要に迫られるが。

　しかしながら、IoTという側面については、これまでとは違う使い方を含むだけに、新たにクリアすべき問題も多々生じてきそうである。短期的な経済合理性だけでは対応しえない面もあるかもしれない。これまでとは少し異なる観点にたつ整理も必要に思われる。ただ、そこで流れるデータは流れやすい形に変換されているとはいえ、ベースになるのはヒトである。

　したがって、5Gについて考えるとき、技術、それを生かした諸政策、そして今後の動向・・・短期の視点からではなく、長期的な視点からの評価もさることながら、ヒトの心理や普及に焦点を当てた考察も必要に思われる。

　前節でとりあげた「デジタル都市国家構想」「ケーブル・テレビの役割」のほか、様々な事例の把握、特に韓国・中国の動向を概観することが、それに寄与するのではないか。基盤をなすしくみの理解はそれに寄与するだろう。

図表 2-13　汎用技術の一覧

| No. | GPT | 時期 | 分類 |
|---|---|---|---|
| 1 | 植物の栽培 | 紀元前 9000 ～ 8000 年 | プロセス |
| 2 | 動物の家畜化 | 紀元前 8500 ～ 7500 年 | プロセス |
| 3 | 鉱石の製錬 | 紀元前 8000 ～ 7000 年 | プロセス |
| 4 | 車輪 | 紀元前 4000 ～ 3000 年 | プロダクト |
| 5 | 筆記 | 紀元前 3400 ～ 3200 年 | プロセス |
| 6 | 青銅 | 紀元前 2800 年 | プロダクト |
| 7 | 鉄 | 紀元前 1200 年 | プロダクト |
| 8 | 水車 | 中世初期 | プロダクト |
| 9 | 3 本マストの帆船 | 15 世紀 | プロダクト |
| 10 | 印刷 | 16 世紀 | プロセス |
| 11 | 蒸気機関 | 18 世紀末　19 世紀初頭 | プロダクト |
| 12 | 工場 | 18 世紀末　19 世紀初頭 | 組織 |
| 13 | 鉄道 | 19 世紀半ば | プロダクト |
| 14 | 鋼製汽船 | 19 世紀半ば | プロダクト |
| 15 | 内燃機関 | 19 世紀終わり | プロダクト |
| 16 | 電気 | 19 世紀末頃 | プロダクト |
| 17 | 自動車 | 20 世紀 | プロダクト |
| 18 | 飛行機 | 20 世紀 | プロダクト |
| 19 | 大量生産 | 20 世紀 | 組織 |
| 20 | コンピュータ | 20 世紀 | プロダクト |
| 21 | リーン生産方式 | 20 世紀 | 組織 |
| 22 | インターネット | 20 世紀 | プロダクト |
| 23 | バイオテクノロジ | 20 世紀 | プロセス |
| 24 | ナノテクノロジー | 21 世紀 | プロセス |

出典：三菱総合研究所（2018）『ICT によるイノベーションと新たなエコノミー形成に関する
　　　調査研究』p.8 より引用

〈参考文献〉

Everett M.Rogers（2003）*Diffusion of Innovations*（Fifth Edition）（三藤 利雄（2007）『イノベーションの普及』，翔泳社）．

森川博之（2019）『データ・ドリブン・エコノミー－デジタルがすべての企業・産業・社会を変革する』，ダイヤモンド社。

オープンイノベーション協議会（2020）『オープンイノベーション白書　第三版』，NEDO。

篠崎彰彦（2014）『インフォメーション・エコノミー』NTT出版。

竹内宏高・野中郁次郎（1999）「ラグビー方式による新製品開発競争　スピードと柔軟性を求めて」（島口充輝・竹内弘高・片平秀貴・石井淳蔵編（1999）『マーケティング革新の時代②　製品開発革新』有斐閣，第9章）。

梅棹忠夫（1962）「情報産業論」（梅棹忠夫（1999）『情報の文明学』中公文庫，所収）。

総務省『情報通信白書』（令和3年版）。

（山田徳彦）

第 **3** 章 第 章 モバイル技術の進化

**はじめに**

　本章では、5G の技術的側面をまとめるとともに、2020 年代中盤から後半にかけて用いられる技術を考察し、最後に 2030 年頃登場する 6G を予想する。通信事業者が運用する 5G サービスとプライベート 5G/ ローカル 5G（以下、区別の必要が無い場合はローカル 5G）は、無線や地上部分の多くで技術を共有する。しかし、全く同じ構成ではなく、それぞれの特性に応じた機能強化や簡略化といった最適化が図られるとみられる。ローカル 5G が求める要件と対応を考察する。

　5G の応用としては、特に欧州で議論が盛んな放送への適用を考える。放送用の電波に 5G 方式を導入することで、双方向通信と放送を一体化する構想である。この構想とローカル 5G の相互作用も考察する。

　6G は、2030 年頃にサービス開始と期待されている。2030 年代に求められる性能、喧伝される 6G 像と現実のギャップ、そして見込まれる 6G 像を明かす。

## 第 1 節　アナログから 4G まで

　本節では、移動通信（携帯電話）方式の変遷を概観する。移動通信方式は、アナログ時代（1G ＝第 1 世代）から 2010 年頃に始まった 4G まで長足の進歩をとげた。利用者にとって影響が大きいのは、一般の人が行かれる場所であれば 1 台の移動機（携帯電話やスマートフォンの総称）を使って世界のどこでも通信可能になったことと、通信速度が飛躍的に向上したことだろう。利用者の視点から、技術の変化を考える。

## （1）通信のデジタル化でデータ通信が本格化

　無線通信は、移動通信と切っても切り離せないものだが、日本において一般の人々が双方向の無線通信を使えるようになってから50年も経っていない。CB（市民ラジオ＝27MHz帯の短波利用）による通信はあったが、いわゆる「トランシーバー」であり、通信網との接続はできない。一方、米国では1940年代後半から「自動車電話」のサービスが始まっており、交換手を介する手動交換式ではあるものの、電話網の一部となっていた。この自動車電話が「第1世代（1G）」の最初のものとされている。無線方式は、アナログである。日本でも、1979年からアナログ式の自動車電話サービスが始まった。日本の場合、自動交換式で、電話番号を入力（注：当時はダイヤル式とプッシュ式の電話機が混在していたので、"ダイヤルを回す"とも"番号を押す"とも記載できない）すれば呼び出せた。日本の自動車電話は、複数の基地局が対象を自動的に追跡する、世界初の方式となった。1980年代に入り、移動通信用無線装置は小型化され、1Lのペットボトル程度のサイズで質量790gの「携帯電話」が登場したのは1983年である。アナログ方式（1G）の時代、移動通信方式は世界各地で開発されており、日米欧で方式が異なるばかりか、地域内でも複数方式が運用されていた。

　1990年代に入り、移動通信のデジタル化がなされた。このデジタル化とは「デジタル信号と電波の間にアナログ変換が入らない無線方式」を用いることである。無線方式のデジタル化によって第2世代（2G）となる。1Gではデジタル信号の0と1で異なる音響に変換して電波に乗せていたため、効率が悪かった。1Gでは300bpsから1200bps程度のデータ伝送量だったのが、2Gではデジタル化により30kbps程度まで高速化した。その後の方式の進化で1Mbpsを超える速度を実現したものもある。世代は進んだが、まだ世界各地で独自の方式が開発されていた。それでも、日米間では整合性をもった規格が開発されたし、欧州では世界に輸出されたGSM方式が登場した。GSM方式は、日本、韓国等わずかな国以外、世界のほとんどの国・地域で商業運用された。

　世界統一方式を目指したのが第3世代（3G）だが、統一には至らなかった。しかしデータ通信速度は向上し、登場時で64kbpsからスタートし、最終的

には100Mbps程度まで高速化した。携帯電話でデータ通信が一般化したのは3G時代に入ってからだ。それまでは、PC等と移動機をケーブルや赤外線で結んで使っていた。データ通信を行うため複雑な設定も必要で、接続容易とはいいがたかった。2007年1月に発表された米アップル・コンピュータ（Apple Computer, 当時）のiPhoneは、PC機能と電話機能が一体化された最初の装置ではない。しかし、瞬く間に受け入れられた。初代iPhoneの通信部分は2Gで速度は遅かったが、使い勝手の良さが速度を補って余りあり「スマートフォン」を一般化させ。（図表3-1）。iPhoneは、第2世代から3G機となっている。3G時代のスマートフォンは、SMSや電子メールといった文字情報に加えて、Web閲覧のような文字と画像（主として静止画）を用いた情報が扱えるようになった。

図表 3-1　iPhone 発表の瞬間

出典：2007年1月筆者撮影

## （2）4Gでは固定通信並の速度実現へ

　2010年頃から導入が始まったLTEは、専門的には3.9Gと認識されていた。しかし、一部の通信事業者は、技術的な根拠無くLTEを4Gと称して混乱を招いた。LTEなどの規格を定める国際プロジェクト3GPPでは、Release10（2011年9月）においてLTE Advancedを規定した。専門家は、LTE–Advanced以降を4Gとしている。3Gの5方式に比べて4Gでは方式

は絞られ、事実上2方式で始まった。しかし、最終的に「事実上1方式」となった。通信速度は、最大3Gbpsとなり動画の視聴などにも使えるようになった。3Gまでは、「無線化はされていても、速度は遅い」との認識が強く、移動通信によるデータ通信は緊急時のバックアップ的な扱いを受けてきた。しかし、4Gからは光ファイバーなどの固定通信方式に代わる「選択肢の1つ」として多くの利用者に認められている。通信事業者は、固定運用する加入者に対して移動通信用の電波を使うFWA（Fixed Wireless Access）サービスを展開しており、この流れは5Gに至っている。

## 第2節　流れを変えた5G

　4Gにおいて、データ通信速度は最大3Gbpsにまで高まった。しかし、産業利用において速度は一要素でしかない。動画視聴を楽しむ利用者にとっては、3Gbpsは十分かも知れない。しかし、4Gの仕様では、工場で数万個のセンサーから無線経由で情報を集めたり、産業用ロボットを無線化し必要な場所に配置したりするには、種々の不安があった。これらの問題に対応したのが5Gである。5Gは、4Gの延長ではなく新しい要求に応えられる方式として、規格化の段階から入念に準備された。根底にある考えは「機械と機械をつなぐ無線通信方式」であることだ。4Gまでは、通信の一方の端には人間がいることが想定されていた。しかし、5Gからは機械同士の通信を中心に設計が進んだ。これが、無線通信の姿を変えることになる。

### （1）速度だけでは不十分

　高速化が図られ、有線LANや無線LANと同程度や、それ以上の伝送速度が実現されても、あらゆる分野に使えるわけではない。代表的な課題に信頼性と遅延、そして接続台数の問題がある。

　遅延とは「電波が到達するのにかかる時間」の意味ではない。地上網から基地局に届いたデジタル信号を電波に変換して送信し、これを移動機で受信しデジタル信号に戻すまでの時間およびこの逆の処理の時間のことだ。これ

を「無線区間の遅延時間」と呼んでいる。この遅延が長いと、例えば緊急停止信号が工場のラインから発せられても、無線経由で信号を受信した監視装置が停止動作をかけても間に合わないかも知れない。また、「ジッタ（Jitter）」と呼ばれる遅延時間の揺らぎもシステム設計時は考慮しなければならない。ところが、4G までは遅延時間とジッタについて明確に規定されていない部分があった。

　信頼性は、送信したパケット（一塊のデータで、処理の基本となる）が誤りなく届く確率で示される。通信では、雑音により誤りが発生することは避けられない。それゆえ、多くの階層で誤りを訂正し、訂正できない場合は影響が拡散しないように封じ込める。この処理を計画するために、最も基本となるのが無線部分の信頼性だ。人が動画を視聴するとき、多少のブロック歪みが現れても、一瞬のことであるから問題はない。しかし、無線経由で機械の操作を行っていたとすると、雑音により "1" と "0" が入れ替わり信号の意味が変わってしまっては大変である。無線区間の信頼性が判っていれば、それに基づきデジタル信号区間で誤りに対応する処理を設計できる。

　接続台数とは、1 つの基地局が何台の移動機に対応できるか、の問題だ。5G やローカル 5G で多数のセンサーから情報を集めようとしたとき、基地局をいくつ設置したらよいのだろうか。4G までは、ここにも明確な規定は無かった。そもそも、4G まではセンサーなどから情報収集することが、規格制定時には明確に考えられていなかったのだ。5G では、装置間の通信への利用を当初から想定し、それに必要な要件を規定している。

### (2) 本格的 M2M の幕開け

　M2M とは「Machine to Machine」を略した語で、「機器間通信」の意味で使われる。5G は、最初から M2M を想定した通信方式であることが 4G までとの大きな違いだ。2020 年代の無線通信方式の利用想定として、国際標準化機関である ITU（国際電気通信連合）が勧告 M.2083 としてまとめている。これに利用想定図（図表 3-2）がある。図の三角形の各頂点に記されているのが、適用分野の特徴で、小さく記されているのが具体的な適用事例だ。上の頂点の「強化型モバイルブロードバンド（Enhanced Mobile

Broadband, eMBB）」は、超高速通信を意味し、ギガバイト級のデータが数秒で転送できる世界を示している。右下の頂点には「超高信頼性低遅延通信（Ultra-reliable and low latency communications, URLLC）」と記されている。これは、自動運転車両や産業機器の自動化、ミッションクリティカル（mission critical）対応とされている。左下の頂点には「超多数機器間接続（Massive machine type communications, mMTC）」として、超多接続がうたわれている。ここでは、想定事例として「スマートシティ」があげられ、多数のセンサーがつながることを示している。

　ローカル 5G により、これまで無線化が困難であったためにセンサーや駆動装置を配置できなかった場所に、廉価に設置できる道筋がみえてくる。これは、工場内であっても都市であっても変わらない。機械から機械に無線経由で連絡し、動作を制御するといったことは、宇宙探査機などの限られた事

図表 3-2　ITU-R 勧告 M.2083 が示す 2020 年代の無線通信（＝5G）が使用される分野と、要求の特徴

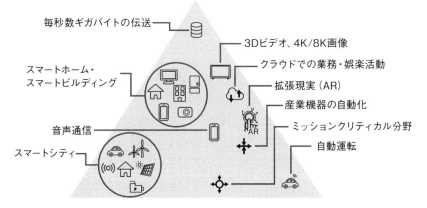

2020年およびそれ以降のIMT利用シナリオ
**強化型モバイルブロードバンド（eMBB）**

毎秒数ギガバイトの伝送
3Dビデオ、4K/8K画像
クラウドでの業務・娯楽活動
スマートホーム・スマートビルディング
拡張現実（AR）
産業機器の自動化
音声通信
ミッションクリティカル分野
スマートシティ
自動運転

**超多数機器間接続（mMTC）**　　　　**超高信頼性低遅延通信（URLLC）**

出典：ITU-R, "RECOMMENDATION ITU-R M.2083-0 IMT Vision – Framework and overall objectives of the future development of IMT for 2020 and beyond," ITU, 2015.09, p12, https://www.itu.int/dms_pubrec/itu-r/rec/m/R-REC-M.2083-0-201509-I!!PDF-E.pdf3-2（2019 年 5 月 12 日閲覧）（筆者訳）

例を除けば事実上不可能だった。常に間に人間を介していた。5G による機器間無線通信により、遠隔自動制御の実現に向けた基盤が整う。

### (3) ミッションクリティカルに対応

　もう 1 つ、5G 化で重要なのは、無線部分が「ミッションクリティカル」に対応していることだ。ミッションクリティカルとは、翻訳的には「不可欠な」と表されるが、工学的には「誤りや不達が許されない状況（分野）」と理解されている。5G では、パケットが再送処理無しに誤りなく届く確率を 99.999％（9 が 5 つでナインファイブ）としている。また、この条件下での無線区間の遅延を片道 0.5msec（millisecond；1000 分の 1 秒）としている。このような要件が判れば、より高い信頼性を得た場合のシステム遅延時間などを設定できる。前述の通り、4G までは上記要素が固まっていないため、システムとしての信頼性や遅延を明示できなかった。

　遅延や誤り率の性能が明確になったため、重機やロボットの遠隔操作、非常停止情報の伝達など、ミスが許されないシステムの設計が可能となる。5G に特徴的な応用分野だ。

## 第 3 節　仮想化で発展するプライベート 5G/ ローカル 5G

　本節では、ローカル 5G を実際に構築する際の内容を簡単に解説する。海外のプライベート 5G では「自分の組織だけのための通信手段」との色合いが濃い。一方、ローカル 5G では「運用は自分だが、通信は外部へ接続」といった使い方も前面に出されている。外部接続の採否は、セキュリティ対策の組み方、ひいてはクラウド利用のあり方にも係わってくる。ローカル 5G は、クラウドの利用で廉価かつ迅速に展開できるとみられている。クラウド運用企業がプライベート 5G への参入も表明している。

### (1) プライベート 5G/ ローカル 5G の構造概要

　5G は、無線部分を「5G NR（NR）」、地上通信部分を「5G コア（5GC）」

と呼んでいる。1G から 5G まで、移動機同士での直接通信は事実上行っていない（規格上は可能）。移動機を出た信号は、基地局、地上通信系を介して、相手の移動機近傍の基地局から出た電波で、通信相手に接続する。アクセスポイントを置けば通信できる無線 LAN とは全く異なる構造となる。

　5G の普及を急ぐため、通信業界は 4G までの資産を活用する方法を採った。4G の地上通信部分「EPC」に NR の無線装置をつなぎ、4G と 5G を並行して運用するのだ。通信相手の発見、接続などはすべて 4G 用システム内で行い、条件が整っていると判明すれば NR の利用に切り替える。ただし、通信状態の監視や、NR から 4G 無線信号利用に戻すため、4G の通信も並行する。この、4G 併用型の 5G システムを「ノン・スタンドアローン（Non Standalone：以下 NSA）」と呼ぶ。「独り立ちできない」ことを意味する。

　一方、5GC に NR を接続したシステムを「スタンドアローン（Standalone：以下 SA）」と呼ぶ。前出の NSA では、地上部分が EPC であり、これは 4G 用のシステムだ。これでは、遅延保証や、サービスレベルの設定ができない。また、通信速度も、無線部分（NR の部分）は高速化の可能性があるが、EPC 部分は従来と変わらないため、ここがボトルネックとなり大幅な速度向上は期待できない。本物の 5G となるためには、無線部分と地上系の双方で 5G 用機材を用いた SA のシステムでなければならない。

　SA は、NSA が規格化された後に規格化されたため、普及には時間がかかっている。通信機器製造事業者の団体である英 GSA の発表では、2022 年 3 月現在世界 201 の通信事業者が 5G サービスを行っている（出典：GSA, 2022.03, "GSA Infographic end–March 2022," GSA, https://gsacom.com/technology/5g/）。しかし、SA の採用は、世界でわずか 20 事業者に留まっており、まだ 5G が能力を発揮する状況には至っていない（出典：Catherine Sbeglia Nin, 2022.04, "The global status of 5G," RCR Wireless Reports, p.10, https://www.rcrwireless.com/free–reports）。更には、この資料には明示されていないが、SA を採用した事業者のなかには、全エリアでは無く、一部の試験的エリアでの SA 実施のものも含まれている。SA 化にはしばらく時間がかかりそうだ。

　ローカル 5G においては、一時 NSA でシステム構築する事例もみられた。

しかし、図表 3-2 にあるような能力を発揮するには SA 化が必須である。NSA 構成では、混信の心配がない以外、機能は無線 LAN と大きく変わらない。ローカル 5G で地域 BWA（Broadband Wireless Access）を組み合わせる提案もあるが、外部事業者の 4G サービスに料金を支払いつつ NSA でのローカル 5G を実施することに有効な意義はみいだせない。

　図表 3-3 は、総務省が発表したローカル 5G の利用想定である。ここで示されたマンション等の集合住宅用に「ラストワンマイル（＝最後の区間）」区間を 5G 化するのは、日本独特の利用例といえる。一般にプライベート 5G では、外部通信網と自社通信網を切り離す。セキュリティを徹底するためで、これがプライベート 5G 導入の目的である場合もある。切り離さない場合、組織内外の境界にファイヤーウォールを置き内部への侵入を防ぐ。一方、マンション内有線回線の代替としてローカル 5G を用いる事例では、光ファイバーサービスと各戸の利用者との間の「パイプ」としてローカル 5G を使うとしている。このような利用事例は世界的に珍しい。

　ローカル 5G といえども、5G サービスであるので NR に加えて 5GC または EPC を装備する。極めて小規模な通信事業者を開設したといっても過言ではない。また、加入者用に SIM カードの発行なども行う必要がある。運用には、国から免許を取得する。日本のローカル 5G の場合、基地局と移動機の数に応じて国に電波利用料を支払う必要もある。「NR 用無線機を設置して、LAN につなげば運用開始」ではない。

### (2)「仮想化」とは何か

　ローカル 5G の開設が「極小規模の移動通信事業の開設」に相当するのは、無線サービスの特性上不可避である。しかし、構内用通信であるローカル 5G のために数百万から数千万加入の移動通信事業者用の機材を使用するのは、コスト的に無理がある。そこで、極小規模の 5G を運用するために注目されるのが仮想化だ。

　移動通信サービスの世界でいう「仮想化」とは、「従来ハードウェアが行ってきた機能を、ソフトウェアで実現する」ことを意味する。そして、このソフトウェアは標準的なサーバのハードウェア上で稼働する。5G 専用装置を

**図表 3-3**　ローカル 5G 認可前に総務省が発表したユースケース。外国のプライベート 5G が「工場等のキャンパス（敷地）内」利用を中心としているのに対して、より広い応用を想定している。マンション管理組合がラストワンマイルを接続することを想定したのに注目される。

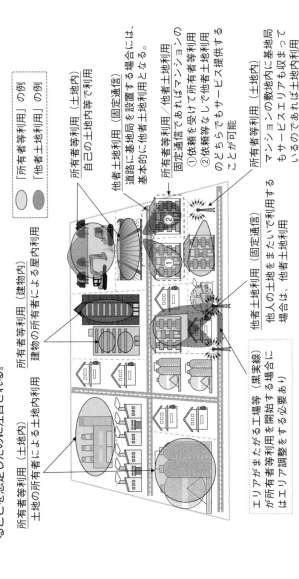

[所有者等利用] の例
[他者土地利用] の例

所有者等利用（土地内）
土地の所有者による土地内利用

所有者等利用（建物内）
建物の所有者による屋内利用

エリアがまたがる工場等（黒実線）
が所有者等利用を開始する場合に
はエリア調整をする必要あり）

他者土地利用（固定通信）
他人の土地をまたいで利用する
場合は、他者土地利用

所有者等利用（土地内）
自己の土地内等で利用

他者土地利用（固定通信）
道路に基地局を設置する場合には、
基本的に他者土地利用となる。

所有者等利用／他者土地利用
固定通信であればマンションの
①依頼を受けて所有者等利用
②依頼等なしで他者土地利用
のどちらでもサービス提供する
ことが可能

所有者等利用（土地内）
マンションの敷地内に基地局
もサービスエリアも収まって
いるのであれば土地内利用

出典：総務省総合通信基盤局電波部，"ローカル 5G の概要について，" 総務省，2019.09.11, p4, https://www.soumu.go.jp/main_content/000644668.pdf（2022 年 5 月 7 日閲覧）

購入することなく実現できる。

　もちろん、無線機やアンテナといった物理層の実現にはハードウェアが必要になる。しかし、一旦デジタル信号となったあとの処理は、ソフトウェアで完了する。それゆえ専用装置が不要となるのだ。

　地上処理部分のソフトウェア化は、以前からなされており、英ATTO Coreは、4G用のEPCを製品化している。また、同社はプライベート5G用に5GCソフトウェアを販売している。5GCについては、通信機器メーカーも積極的にソフト化を推進している。5GCのオープンソースソフトウェアの開発もなされている。5GCの処理がソフトウェアで完結するとき、実行のためのハードウェア設置場所には、いくつかの選択肢がある。通信を一切部外者に任せたくない組織は、サーバを自社内に置く(オンプレミス)。また、遅延時間などに厳しい要求がある組織もオンプレミスを採用する。一方、一定の安全性さえ担保されるのであればコスト重視で実装したい事業者は、クラウドサービスを利用するだろう。無線装置とクラウドの間は、高速な通信回線（主として専用線）で接続する。

　現在注目されているのは、無線処理の仮想化だ。従来は、無線部に入った信号は、各社独自の処理を行っていて、最後に規格に定める形で電波になった(受信の場合はこの逆)。仮想化により送受信機とアンテナ以外、すべてクラウド上に置いて処理できる。ハードウエアを徹底的に簡略化し、処理のほとんどをクラウドに載せる方式は、ローカル5Gを推進するのに大いに役立つと期待でき、米アマゾン・ウェブ・サービス（Amazon Web Services）や米マイクロソフト（Microsoft）が進出している。

## (3) 仮想化の意義

　無線部仮想化以前のシステムでは、「無線部分」という大きな括りで機材購入の必要があった。事実上の基地局1社調達、である。前段処理をA社から、後段処理をB社から買ってC社のアンテナを取り付ける、といった分散調達を行いたくても、他社製品との接続を認めない製造事業者もあり、自由な組合せはできなかった。通信運用側が、最適な機器の組合せを行いた

いのは当然のことだ。

　最適な組合せを行いたい要求に加えて、各処理部分のソフト化の要求もあり、両者が組み合わさって仮想化の基礎となる「オープンRAN」が固まった。RANとは"Radio Access Network"を指し、無線部分を意味する。各部分の切り分けと処理内容、そして部分間を結ぶ信号が明確に規格化され、ブロックを組み合わせるようにソフトウェアを組み合わせて無線処理を実現できるようになった。こうなると、基地局といっても必要なハードウェアは電波の送受部分だけとなる。従来、基地局のハードウェアが行った処理は、ソフトウェアでの実現も可能となる。もちろん、ハードウェアで実現しても良い。購入者（通信事業者やローカル5G運用者）は、自社の用途に合わせた特徴を持った「処理機能」を購入すればよい。送受信機とアンテナ以外をソフトウェア化しクラウド上で処理した場合、ローカル5G用に組織内に置く装置はほとんど無くなる。維持管理も大幅に簡略化される。

　海外では、最近クラウド上の5Gサービスがプライベート5G向けに販売が始まった（ローカル5G用はまだ行われていない）。このサービスでは送受信機やアンテナも販売される。これらを設置し、クラウドとの間の通信を確保すればよい。維持管理もクラウド事業者に任せられる。仮想化により、非常に容易にプライベート5Gサービスを利用できる。ローカル5Gでもこの流れがやってくると期待される。

## 第4節　5Gブロードキャスト（Broadcast）の衝撃

　これまで、5Gの要点、5Gシステムの構成、ローカル5G発展の鍵を握る仮想化などについて説明した。本節では、海外で急激に関心が高まっている「移動通信技術を用いた放送」について、その意義と衝撃を解説する。

### （1）放送を5G波で行う意義
　テレビ放送の電波型式は、米国方式（ATSC/ATSC3.0）、欧州方式（DVB/DVB–T2）、そして日本方式（ISDB–T）が世界の多くの地域で使われている。

これ以外のデジタル方式はわずかである。第 1 世代のデジタル方式は、放送開始から 20 年以上が経ち、古さもみえてきた。米国は新世代方式としてATSC3.0 を開発し、既に全米 59 市場で放送がはじまっている。ATSC3.0 対応の受像機も多数売り出されている。欧州方式は、2000 年代半ばにDVB–T2 が開発され、無線伝送上の理論限界に肉薄する高度な方式となった。それゆえ、積極的に無線部分を更新する動きはみられないが、インターネットに代表される IP 通信との親和性を図る種々の方策を用意している。日本方式は、次世代方式の選定作業を行っているとされ、2023 年から2024 年にかけて答申が見込まれている。

　この放送業界の動きとは全く独立に、移動通信の世界でも「放送」が検討されてきた。当初、通信業界が考える放送は「スタジアムで、入場者向けに一斉に映像コンテンツを流す」といった使い方で、1 つの基地局からの電波の帯域の一部を用いて放送を行うといった利用を考えていた。その後、複数の基地局でやや広い地域にサービスする、といった応用が考えられ、規格も作られた。しかし、実際にそのサービスが行われることはなかった。状況が大きく動いたのは、3GPP Release14（2017 年）だ。この規格で、4G を用いた放送規格「LTE ブロードキャスト（Broadcast）」が定まった。従来、3GPP で規格化してきたものは、高さ 10m 程度低いアンテナを備える携帯電話の基地局から数十 W の弱い出力で電波を出す形（LTLP：Low Tower Low Power）の放送だった。サービスエリアは、数百 m を想定している。一方、LTE ブロードキャストは高さ 100m を超える放送塔から 10kW を超える大出力での送信（HTHP：High Tower High Power）を想定した規格になっている。到達距離は数十 km に達する。LTE ブロードキャストは、従来の放送インフラを用いて送信を想定している。通信用規格と思われてきたものが、放送用にも進出してきたことになる。

　現在、移動（携帯）用の放送規格は、世界的にみて「ワンセグ」程度であるが、携帯電話でワンセグに対応した機種は、ほぼ消滅している。カーナビで受信できるのみだ。欧州では、移動用の放送規格 DVB-H が規定され放送も行われたが、ほとんどのメーカーは受像機に参入せず、規格は立ち消えになった（図表 3-4）。

　次世代の放送規格では、受像機の開発製造に参加するメーカーが激減すると見込まれ、最悪の場合、一部の市場では受像機を作るメーカーが無くなることすら考えられる。メーカーは、出荷台数が見込める機器を望む。4G および 5G の規格に基づくテレビ方式であれば、大きなコストをかけること無く受像機を開発できる。

　欧州の放送業界は、5G を介して放送を流す準備を整えており、無線方式からは独立して IP を流すための技術 DVB–I の開発を終えている。想定されている 4G ／ 5G に基づくテレビ方式は、双方向機能を内包しており、放送の弱点だった一方通行から脱却できる。

## (2)　レガシー放送規格から成長する放送規格へ

　放送の世界では、無線方式の更新が極めて遅い。電子技術が開拓途上で、電子機器の値段が高かった時代、放送方式を頻繁に変更しては、機器買い換えによる視聴者への負担が大きいと考えられたこともあるだろう。しかし、

図表 3-4　DVB-H 受信機能を持った携帯電話機（試作品）。欧州のデジタル放送プロジェクト DVB も移動受信規格を策定し、一部地域では放送も行われたが、受信可能な携帯電話機がほとんど作られず、規格としては失敗に終わった。

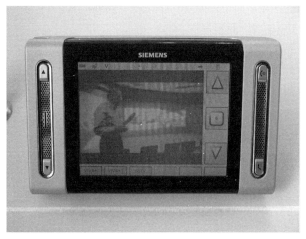

出典：2005 年 3 月ドイツにて筆者撮影

受像機の画面サイズと価格が「1インチ1万円」が目標とされた1990年代と異なり、現在では高級機でも画面サイズ型当たり5,000円程度、廉価機ならば1,500円程度で販売されている。受像機を10年程度で買い替えることは現代の消費者にとって負担とはならず、放送方式を長期間更新しない理由にはならない。25年前の無線技術に縛られることで多くの電波帯域を浪費し電力を浪費する。この方が、頻繁な買替えよりも経済的な損失は大きいと考えられる。

　通信技術の放送応用は5Gブロードキャスト（5G Broadcast）と総称されている。現在までに規格が固まっているのは、LTEを用いてHTHP送信を行うもので、世界各地で実験されている。移動通信の周波数利用は5MHzを単位にしていたため、6/7/8MHzを帯域幅とする放送に適合しないとの指摘があったが、すでに新しい帯域幅も規格化されている。

　移動通信規格は、およそ10年に1度大改訂されている。旧規格も、新規格登場から10年程度は運用されている。移動通信用の無線方式を放送波に使うことは、技術的、社会的に何ら問題の無い状況となっている。

　移動通信用無線方式を放送に転用することの利点の1つに、機器製造するメーカーへの負担軽減と機会提供がある。DVB-Hの失敗が「メーカーが機器を作らなかった」ことにあるとすれば、「受像機を作りやすい規格」は重要だ。既にスマートフォンで慣れている移動通信規格を転用した放送規格であれば、参入障壁は低くなる。

　また、移動通信転用の放送規格であれば、移動体への放送が行いやすいことも利点だ。日本では、フルセグとワンセグと分かれており、低画質のワンセグが移動体向けとなっている。1つの方式で固定、移動双方に対応できれば、運用や装置の複雑さを回避できる。

　最後に、通信規格を基にした放送方式ならば、視聴者からの送信（反応）が、元々体系に組み込まれるとの利点がある。既存の放送規格は、「放ち送る」といった一方通行しか考えていない。視聴者からの反応を送り返すために、明示的にネットに接続するなどの行動が不要となる。

　現在の放送システムでは、視聴者への到達量が測れない。これは、決定的な弱点である。このまま放置しては、放送という方式自体の衰退をもたらす。

双方向化を取りこむためにも、移動通信用無線方式の転用は魅力的な提案であり、考慮に値する。既に欧州では、業界横断的に検討がなされている。またブラジルでは、5Gブロードキャストが次世代放送方式の候補の1つとなっている。自動車が「タイヤをつけたスマホ」と呼ばれるように、テレビが「大画面化したスマホ」と呼ばれる日が来ることは十分に考えられる。

## （3）5Gブロードキャストのローカル5Gへの影響

5Gブロードキャストは、現時点では4Gの電波を用いて放送を行うもので、5Gと称するのは看板に偽りがある。しかし、規格化作業は続いており、5G NRが放送用電波として規格化される可能性は十分にある。

5Gブロードキャストで放送がなされる時、ローカル5Gにはどのような影響があるだろうか。単に、現在の放送波が5Gブロードキャストに置き換わっただけであれば、両者は全く独立した存在となる。欧米の放送界の動きをみると、放送事業者に「デジタル伝送帯域の販売」が認められる方向にある。現在は、無料放送の事業者は時間を売っている。時間枠を買い取ったスポンサーは、そこにCMを流している。CMは、画像と音響で構成されていて、視聴者が目にするものだ。ところが、伝送帯域を販売した場合、通常放送の裏でデータを流すこともできる。この伝送帯域の販売がローカル5Gの利用に影響しそうだ。

既に米国で認められている「帯域売り」は、ビット（bit）の伝送を請け負うものだ。渡されたデータを、放送塔から電波に乗せて放つ。一種のデータ放送である。視聴者は、このデータ放送を感知しない。一方、専用の受信機を備え、受信のためのデータ解読用の鍵をもっていれば、このデータ放送を受信し、復号し必要なデータに戻せる。データ放送は、広範囲に同時にデータを運べるため、通信網への負荷を軽減する効果がある。

日本では、まだこのような帯域売りは行えないが、将来、可能であるものとして考える。そして、その時の放送方式が5Gブロードキャストの系列であったとしよう。これならば、ローカル5G用に置かれた機器で、5Gブロードキャスト方式の受信が可能となる。ATSC3.0受信機を別途用いるような煩雑な構成は不要で、4G/5G用の通信装置で放送と通信を扱える。

　ローカル5Gとの連携で最も考えられるのが、「ソフトウェア・アップデート」だ。多数の機器にインストールされている管理ソフトウエアは、秘密のものではない。そのため、放送事業者に渡して放送波を経由して配信されても問題ない。放送経由でアップデータをダウンロードする場合、機器が個別にサーバに接続しアップデータをダウンロードするのに比べて、遙かに少ない負荷でソフトを配布できる。また、分散して置かれた個々の装置がアップデータをダウンロードした場合、ダウンロード完了の時間がばらばらになる。アップデート、再起動といった時間も分散することになり、システムが停止する時間が長くなる。放送型で一気に配信されれば、ダウンロード完了も、再起動も同時に行える。また、同じ県内のA市の工場とB市の工場というように、分散した場所にある機器がアップデート対象の場合も放送利用が有効だ。A、B両工場ではそれぞれにローカル5Gを導入していても、セキュリティの観点から両者を接続しない運用は十分に考えられる。そのような場合、放送波から一気にデータをダウンロードできる。

　ここでは、アップデートを例としたが、デジタル化された地図データなど、各装置が同じデータを参照するものを配るのに放送を利用できる。放送の同報性と低ネットワーク負荷は、ユニキャスト中心のローカル5Gと組み合わせた活用ができそうだ。

## 第5節　6Gへの期待と課題

　最後に、2030年頃から展開がはじまると期待される6Gに関して、簡単に技術動向を解説する。5Gで、使用する電波の周波数は準ミリ波帯およびミリ波帯に達した。日本では、5G開始まで3.5GHz帯が最も高い周波数帯だったが、5Gの導入で一気に28GHz帯に向上した。移動通信の周波数が高周波化するのは、大量の情報を運ぶのに広い周波数帯域が必要なことと、その帯域を確保できる「空き」があるのが高周波帯に限られるためである。しかし、使用周波数の上方拡大は、多くの難点を含んでいる。上方展開が思うように進まない事態も考えられる。

## （1）周波数の上方展開

　無線通信では、様々な周波数帯が使われてきた。CB 無線で紹介した短波帯は、大陸間通信にも使用できる。無線は、周波数が高くなるほど到達距離が短くなる。また、高くなるほど直進性が高まり、物陰での受信ができなくなる。携帯電話で使われてきた 3.5GHz 帯や、無線 LAN で使われている 5GHz 帯であれば、基地局やアクセスポイントのアンテナがみえないような物陰にいても、多少の電波の回り込みが期待できる。物陰に入った瞬間に突然通信できなくなることはない。しかし、準ミリ波帯の 28GHz 帯やミリ波帯の 39GHz 帯（米国で使用）の電波は非常に直進性が強い。基地局のアンテナが見通し範囲にある場所で使うことになる。

　5G は、今後、5G Advanced と呼ばれる「5.5 世代」規格に発展することが決まっている。この 5G Advanced は、基本的には 5G と同じ変復調方式を使うため 5G 機器と互換性をもつ。5G Advanced による性能向上は、主として周波数帯域幅の拡大によってもたらされる。帯域幅を拡大するためには、新たな周波数帯に空きをみつける必要がある。周波数の割り当ては、各国政府の専権事項であるため、規格化団体が「この周波数が欲しい」と主張することはできない。しかし、規格を「この周波数まで使える」としておけば、各国の政府が空きをみつけて移動通信用に割り当てれば、業界はすぐに対応できる。機器も、規格で定めた周波数まで動作するように開発、製造される。現時点では、71GHz までが 5G の範囲とされている。5G Advanced では、これが 100GHz 程度まで拡大されると見込まれる。新たな上限周波数から、通信に使える帯域を探すことになる。

　6G では、更に上方展開が見込まれる。ただし、300GHz を超えると空気中の水蒸気による電波吸収が顕著となり、通信距離が格段に短くなる。300GHz 以上の周波数、特に 1THz を超えるような周波数は「電柱毎に基地局」といった状況になり現実的ではない。

　2030 年にサービス開始とすると、この時期に製造技術が確立した部品は 100GHz 程度までしか調達の見込みがない。それ以上の周波数となると、まだ廉価な製品を供給できる製造技術が確立する見込みは立っていない。運用が 100GHz を超えるには、時間がかかりそうだ。

## (2) 6Gへの期待

　4Gまでの「人が使う」通信から、5GではM2Mという新しい領域が開拓された。5G Advancedから6Gにかけては、別の方向の進化が見込まれている。1つは、前述の放送分野への進出だ。また、衛星通信や、HAPS (High Altitude Platform Station ＝成層圏に飛行体を送り込み、そこに基地局を搭載する) 向けの通信も5Gの一環として規格化がなされている。既に、5Gを元にした交通用の通信方式（NR–V2X）も開発されている。5Gは、陸と空（宇宙）へ進出している。

　今後、移動通信系の通信方式が進出する先として、無線LAN分野が考えられる。現在、無線LANと移動通信は、近い技術を用いながらも別々の無線方式となっている。移動通信の技術を無線LANに使えば、基地局と通信する「電話」とアクセスポイントの間を結ぶ「LAN」が、同じ方式で使用できる。屋外で、移動通信企業が行うサービスにPCから「LAN」を接続するといった、継ぎ目のない使い方も期待できる。

　6G時代に期待できるのは無線方式の統一、つまり多くの分野で移動通信系の信号を使った運用となることだ。屋内では、LANとして、屋外では電話サービスに接続してもLANと全く同様に通信できる、といったことが実現すれば、今以上に場所を選ばない働き方が可能となる。

　通信は、単位時間当たり流すデータ量が増えるが、これを高速化だけで解決するのは無理がある。最高速度を上げると、通信機器が消費する電力が大幅に増大する。また、使用する周波数帯域も広くなる。例えば、10倍の速度向上を行おうとしたら、10倍の帯域幅が必要になる。現在、日本ではミリ波帯では1社当たり400MHzを使用できるが、これが4GHzになる。4社分に加えてローカル5G分を同じ帯域幅だけ確保しようとすると、合計で20GHzを必要とする。これだけの空き周波数帯域は、なかなか見当たらない。

　現実的な解決法として、最高速度は維持または微増として、周波数の利用効率を高める、という方法が考えられる。最近の技術では、同じ周波数で同時に電波を出しても、混信せずに別々の通信を行える。この多重化は、2多重ばかりでなく4多重やそれ以上も可能だ。4多重であれば、4倍に速度を上げたのに近い効果が得られる。5Gは、サービスエリア端での保証平均ビッ

トレートが 100Mbps で設計されているが、これが 10 倍に高まれば利得は大きい。

　5G までで道筋が付けられた「機械との通信」は、6G でも強い需要に引かれて発展すると期待できる。その時、より多くの機械が円滑に通信するために、システムの最高速度は高めなくても平均速度を高める、といったアプローチが現実的だ。6G では、エネルギー消費も勘案しつつ、十分な量のビットを運ぶものとなるだろう。その時、プライベート 6G/ ローカル 6G も、より高い平均ビットレートを得て、有線 LAN と変わらぬ使い勝手の方式になっているだろう。

（杉沼浩司）

# 第 4 章

# 電波監理政策の展開

## はじめに

　この章では、第 5 世代移動通信システム（5G）および 5G 以降（ポスト 5G）の通信技術、経済・経営的側面を理解するうえで不可欠となる電波監理政策について論ずる。

　電波監理政策とは、電波の物理的特性を踏まえて、国際的および各国内の電波監理機関が誰にいつ、どの地域でどの周波数の電波をどのように使用させるのかを決め、実際に利用者に電波資源を割り当て、監督・監視することにより、全利用者が所定の電波利用ができるように導く政策を意味する。このような電波監理の存在なくしては、我々が混信なく携帯電話を利用したり、スマートフォンからインターネットに接続したりすることも、食品を温めるために電子レンジを使用することもできなくなってしまう。

　電波の物理的、経済的特性を概観した後、5G の電波利用上の特性を踏まえ、5G が公衆通信網と自営通信網の 2 つのネットワークから展開されている背景や今後の電波監理政策の展開を考察していく。

## 第 1 節　電波監理政策の基礎

### （1）電波とは何か？

　電波監理政策を論ずるためには、まず電波とは何かを知る必要がある。

　わが国では「電波法」第 2 条 1 に『『電波』とは、三百万メガヘルツ以下の周波数の電磁波をいう」と規定されている。電磁波は「電界と磁界が互いに影響し合いながら空間を光と同じ速さで伝わっていく波」のことである[1]。

19 世紀後半にマクスウェル（Maxwell, J.C.）やヘルツ（Hertz, H.R.）が発見し、マルコーニ（Marconi, G.G.M.）が無線通信に成功することにより電波を人為的に発生させ利用するようになる以前から、オーロラや雷にみられるように電磁波は自然界に存在していた。

　電波はその名のとおり「波」であり、横波であることから、波動がもつ一般的な諸特性を有している。直進性や浸透性がある一方で、回折（回り込み）や反射などにより、進路が変わることもある。また、波どうしがぶつかり合って干渉するほか、発生源から遠ざかることによりエネルギーが弱まる減衰という性質ももつ。したがって、計画的に電波の送信を行わないと、異なる発信源から送信された電波がぶつかり合って干渉したり、受信予定地点に届く前にエネルギーが失われてしまい通信できなかったりする可能性が生ずる。また、意図的に妨害目的で電波を発信したり、意図せず発信機から電波が漏洩したりすることにより、他の通信に混信などの影響をおよぼすことがある。このような悪影響を防止したり、発信者が意図せざる受信を防止したりするために、電波利用を監督、監視、規制する電波監理が必要になる。

　電波のこれら物理的特性は、経済学における「市場の失敗」、すなわち市場メカニズムがうまく機能しない状況（自然独占、外部性、公共財、情報の非対称性・不確実性）を生んでいる（図表 4-1 参照）。干渉、混信という状況は「市場の失敗」の要因のうち「外部不経済」（「外部性」）「不確実性」に、共同受信可能という状況は「外部経済」「公共財」に対応しており、ピグー（Pigou, A.C.）が『厚生経済学』（Pigou（1920））のなかで明らかにしたように、政府介入を必要とした。このような経緯から、国際的には国際連合の一組織である国際電気通信連合（International Telecommunication Union：ITU）が、国内的には総務省が電波監理を担当している。

　もっとも経済学分野ではよく知られているように、「市場の失敗」への対応法は必ずしも政府介入である必要はない。「コースの定理」で知られるコース（Coase, H.R.）は、取引費用が発生する場合には政府による各当事者へ

---

1　（一社）電波産業会 電磁環境委員会「くらしの中の電波」ウェブサイトより「電波について知ろう」「『電波』と『電磁波』のちがい」（https://www.arib-emf.org/01denpa/denpa01-02.html, 2022 年 7 月 4 日閲覧）。

図表 4-1　電波の物理的，経済学的性質と電波管理

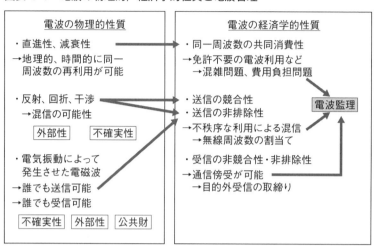

出典：湧口（2006）p.162 図2を基に筆者作成

　の初期の権利付与状況により結果は変わる可能性があるものの、当事者間交渉による「外部性」問題解決の可能性を示している（Coase（1960））。コースのこの示唆は放送局免許の付与をめぐる問題への解決策を示したものであったが、1990 年代に入って本格化する周波数オークションによる免許付与の理論的根拠となった。

## （2）周波数による電波の物理的特性の違い

　前述の電波の物理的特性はすべての周波数において同じようにみられるものではない点に注意が必要である。周波数、すなわち1秒当たりの振動数の多寡、これは

　　　　　波の速度※＝波長×周波数　　　※：電波の場合は光速

という式により波長と逆相関関係にあるが、その多い（短い）少ない（長い）により、性質が大きく異なる。図表 4-2 に示すように、周波数が低いほど回折や反射が起こりやすく電波が遠くまで届きやすい反面、広い帯域幅を割り当てにくく、電波に載せられる情報量が少ない特徴がある。一方、周波数が高いほど直進性が強く、電波に載せられる情報量が多いが、電波は近くに

図表 4-2　周波数帯ごとの主な用途と特徴

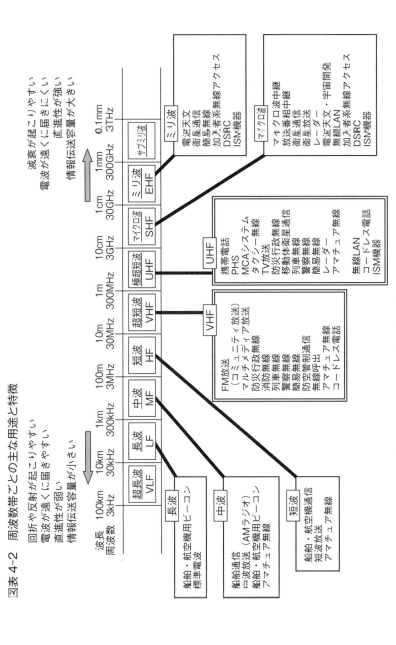

出典：電波利用ホームページより「周波数帯ごとの主な用途と電波の特徴」
（https://www.tele.soumu.go.jp/j/adm/freq/search/myuse/summary/index.htm、2022 年 7 月 4 日閲覧）に筆者加筆

しか届かないという特徴がある。

　この特性を踏まえ、遠くまで電波が届く方がサービスを提供しやすい放送の場合には比較的低い周波数（中波や短波、VHF帯など）が用いられる一方、データ通信など高容量の通信を必要とする場合には比較的高い周波数帯（UHF帯やSHF波など）が用いられる。このように用途に応じて使い勝手の良い周波数帯が異なることから、放送や通信などの用途により、利用される周波数の需要は時代とともに変化してきた。

　また、通信技術の進歩により利用方法にも変化がみられる。縄跳びで二重跳び、三重跳びと難易度が高くなっていくことと同様、人為的な電波の発生に用いられる発振器において振動数を増やしていくことは至難の業であった。したがって、初期には低い周波数が用いられたが、技術革新により次第に高い周波数も利用できるようになり、現在ではサブミリ波帯と呼ばれる1秒間に数百億回も振動させる周波数領域も利用されるようになった。ただし、このような高い周波数を利用するためには単体の送信機、受信機の製造費用も高くなりがちなほか、物理的特性上、電波は近距離しか飛ばないため、通信ネットワークを構築しようとすると、密に送受信機を設置する必要があり、費用がかさむことになる。

## （3）公衆通信網と自営通信網

　無線通信を含む電気通信網は大別すると、「公衆通信網」と「自営通信網」に分けられる。

　「電気通信事業法」第2条1には、「『電気通信』とは、有線、無線その他の電磁的方式により、符号、音響又は影像を送り、伝え、又は受けることをいう」と定義されており、電気通信網は有線、無線双方が含まれる。実際、無線通信だけのように思われる携帯電話やスマートフォンでの通信においても、無線で接続されている区間は端末と基地局の間のみであり、多くの場合、基地局は光ファイバーなどの有線通信網に接続されており、通話の相手方やインターネットにつながっている。

　「公衆通信網」は不特定多数の利用者相互間を結ぶ通信ネットワークであり、「自営通信網」は特定の利用者相互間で利用するために設けられた専用

ネットワークである。公衆通信網の一例は一般向けに加入者を募る携帯電話事業者である。それに対し、自営通信網の一例として、企業の工場内でだけで使用できる無線通信システムや鉄道会社、警察、消防などが用いる無線通信システムがあげられる。公衆通信網と自営通信網との間には規制の枠組みに大きな差異があり、消費者保護やあまねくサービスが重視される公衆通信網に対して、自営通信網は周波数など希少資源の利用には制約が大きい一方で、その運営に関しては比較的自由が認められてきた経緯がある。この点は第3節、第4節で詳述する。

　慣習的に放送は通信とは切り分けられて取り扱われてきたが、「放送法」第2条1の規定（「放送」とは、公衆によって直接受信されることを目的とする電気通信の送信という）に則れば「公衆通信」の1つである。

## 第2節　電波利用からみた5Gの特徴

### (1) 超高速通信を可能にした技術革新

　5Gの特徴として「超高速」「超低遅延」「多数同時接続」があげられる。これらはそれぞれ最速10Gbps、1000分の1秒、100万台／km$^2$と、どの要素も現行の第4世代移動通信システム（4G）と比較して10倍以上の高性能が実現される見込みである。この背景には送受信や電波利用における技術革新が存在している。

　その1つが音声やデータを載せる「キャリア」と呼ばれる搬送波の1チャネル当たりの占有周波数帯域幅である。帯域幅を拡大するほど通信を高速化できるが、多数の利用者が存在するなかで帯域幅を拡大することは困難であった。そのため、かつてはより狭い帯域幅により多くの情報を載せるべく変調方式を工夫し、周波数分割方式における狭帯域化を推進してきた。

　それに対し、広帯域を利用してごく短時間に情報を伝送させる周波数拡散方式が、軍事用から民生化されたことから、第3世代移動通信システム（3G）より後の通信規格では広帯域化が進んだ。3Gでは5MHz幅であった帯域幅が4Gでは20MHz幅、5Gでは最大400MHz幅まで拡大する。時分割方式

図表 4-3　わが国における携帯電話用周波数割当て

表内の数字は割当て周波数帯幅

| 周波数帯 | 700MHz 帯 | 800MHz 帯 | 900MHz 帯 | 1.5GHz 帯 | 1.7GHz 帯 | 2GHz 帯 |
|---|---|---|---|---|---|---|
| 帯域 | 718MHz～748MHz 773MHz～803MHz | 815MHz～845MHz 860MHz～890MHz | 900MHz～915MHz 945MHz～960MHz | 1427.9MHz～1462.9MHz 1475.9MHz～1510.9MHz | 1710MHz～1785MHz 1805MHz～1880MHz | 1920MHz～1980MHz 2110MHz～2170MHz |
| 規格 | 4G 周波数の 5G 化（2020 年 8 月） | | | | | |
| 方式 | FDD | FDD | FDD | FDD | FDD | FDD |
| NTT ドコモ | 20MHz | 30MHz | | 30MHz | 40MHz（東名阪のみ） | 40MHz |
| KDDI /沖縄セルラー | 20MHz | 30MHz | | 20MHz | 40MHz | 40MHz |
| UQ Communications | | | | | | |
| ソフトバンク | 20MHz | | 30MHz | 20MHz | 30MHz | 40MHz |
| Wireless City Planning | | | | | | |
| 楽天モバイル | | | | | 40MHz（全国）40MHz（東名阪以外） | |
| 地域 WiMAX | | | | | | |
| ローカル 5G | | | | | | |
| 合　計 | 60MHz | 60MHz | 30MHz | 70MHz | 150MHz | 120MHz |

出典：新たな携帯電話用周波数の割当方式に関する検討会第 1 回資料 1-2「我が国の携帯電話用周波数の割当てについて」を基に筆者作成

は各利用者が 1 つのチャネルを占用するのではなく、多数の利用者が同じチャネルをごく短時間使用し、時間をずらして共用する点が特徴である。そこでは、空き周波数をみつけ出す「キャリア・センス」技術に加え、ソフト

| 2.5GHz帯 | 3.4GHz帯 | 3.5GHz帯 | 3.7GHz帯 | 4.5GHz帯 | 4.6GHz帯 | 28GHz帯 | 合計 |
|---|---|---|---|---|---|---|---|
| 2545MHz～2645MHz | 3400MHz～3480MHz | 3480MHz～3600MHz | 3.6GHz～4.1GHz | 4.5GHz～4.6GHz | 4.6GHz～4.9GHz | 27.0GHz～29.5GHz | |
| | 5G周波数 | | | | | | |
| TDD | TDD | TDD | TDD | TDD | TDD | TDD | |
| | 40MHz | 40MHz | 100MHz | 100MHz | | 400MHz | 840MHz |
| | | 40MHz | 200MHz | | | 400MHz | 790MHz |
| 50MHz | | | | | | | 50MHz |
| | 40MHz | 40MHz | 100MHz | | | 400MHz | 720MHz |
| 30MHz | | | | | | | 30MHz |
| | | | 100MHz | | | 400MHz | 580MHz |
| 20MHz | | | | | | | 20MHz |
| | | | | | 300MHz | 900MHz | 1200MHz |
| 100MHz | 80MHz | 120MHz | 500MHz | 100MHz | 300MHz | 2500MHz | 4230MHz |

ウェアにより使用する周波数を変えられる技術も活用されている。さらに、アンテナにも工夫を凝らし、1対1で送受信するのではなく複数のアンテナを同時使用するMIMO（Multi Input Multi Output）技術を使用するととも

に、周波数利用にも同様の工夫、すなわち複数の周波数を束ねて使用する「キャリア・アグリゲーション」技術も導入している。

　以上のように、周波数利用効率を高めることにより超高速化を進め、超低遅延の実現にも資している。


## (2) 割当て周波数の特徴

　高速化や低遅延化を実現するためには、1チャネル当たりの占有周波数帯域幅を広く取る必要がある。また、公衆通信網における多数の利用者の同時使用を考慮するとチャネル数が多く確保できる周波数帯が望ましい[2]。これらの点を考慮すると、公衆通信事業者にはより高い周波数帯が割り当てられる方が好都合である。しかし、高周波数帯の場合、伝送距離が短くなるため、多数の基地局を設置する必要が生ずる。矛盾する2つのニーズのバランスを考慮しながら、総務省は5Gの周波数割当てを実施してきた。使用する機器の国際標準化の問題もあり、5Gの周波数割当ては国際的に同じ傾向がみられる。

　わが国では、現在、図表4-3のように周波数が割り当てられている。

　2.3GHz帯の周波数割当ては特筆に値する。この周波数帯は既に放送業務および公共業務用に割り当てられていることから、これらの業務で使用しない時間、場所に限って動的に5G用に割り当てるという「ダイナミック周波数共用」がはじめて採用された。これは、データ通信量が増加しており周波数不足がいかに深刻かを顕著に示す割り当てである。

　「ローカル5G」と呼ばれる自営通信網による5Gは民間企業により順次導入が進んでいることから、当初の割当ては28GHz帯の100MHz帯幅に限定されていたが、28.3～29.1GHz帯に加え、4.6～4.9GHz帯にも割当てが拡大し、使い勝手が良くなった。

---

2　例えば700MHz帯において1チャネル当たり20MHz幅で5チャネル確保しようとすると100MHz必要になり、700MHz帯全体を割当てなければならなくなる。しかし、28GHz帯であれば100MHzはその10分の1にすぎず（1GHz＝1,000MHz）、複数の事業者に割り当てが可能となる。

## 第3節　公衆通信網による5G

### (1) MNOの基地局展開

　携帯電話各社が展開する5Gサービスの内容の詳細については第3章や第11章などをご覧いただくことにして、本章では電波監理の観点から公衆通信網による5Gの展開について論じていきたい。

　携帯電話（音声通信、データ通信）がつながるエリアの考え方として、従来、「人口カバー率」と「地理的カバー率」という2つの考え方が用いられてきた。4Gまでのように人間が携帯電話を使用することを前提とするならば、居住者人口をベースとする「人口カバー率」が「地理的カバー率」よりも現実感のある指標となるであろう。しかし、自動運転など機器どうしの通信、いわゆる「IoT」（Internet of Things：モノのインターネット）での利用も想定する5Gの場合、「地理的カバー率」の概念が重要になる。一方で、高い周波数を用いる5Gでは基地局整備に4Gまでとは比べ物にならないほどの費用がかかることになる。

　そこで編み出された概念が「5G基盤」で、全国を10km四方のメッシュに区切り、山岳地帯と海水面のみのメッシュを除いたメッシュを「事業可能性のあるエリア」と定義し、4,464個を指定した。5Gを展開する移動通信事業者（Mobile Network Operator：MNO）には、この4,464個の5G基盤一つ一つに1個以上の5G高度特定基地局を設置してもらい、それを親局に子局として特定基地局を多数開設してもらうことによりメッシュ内の地理的カバー・エリアを拡大してもらおうという考え方である。

　2019年の3.7GHz帯および4.5GHz帯、28GHz帯の割当ての際には周波数の経済的価値（特定基地局開設料の金額で評価）を含まない、2021年の1.7GHz帯の東名阪以外バンドの割当ての際にはこれを含む比較審査方式により免許が付与されたが、2019年の割当て時には33点満点中14点（42%）が、2021年の割当て時には96点中24点（25%）が屋内空間も含めたエリア展開の評価点となっている。大都市圏のみならず地方圏にもできるだけ短期間に5Gを展開してもらえるように、評価では全国および各都道府県の

図表 4-4　5G インフラへの設備投資計画（高度特定基地局、特定基地局関係）

| | 免許申請時の設置計画 | NTT ドコモ | KDDI/沖縄セルラー電話 | ソフトバンク | 楽天モバイル |
|---|---|---|---|---|---|
| 2019年割当て時 | 2024年度末までの特定基地局等の設備投資額 | 約7,950億円 | 約4,667億円 | 約2,061億円 | 約1,946億円 |
| | 2024年度末までの5G基盤展開率（全国） | 97.0% | 93.2% | 64.0% | 56.1% |
| | 2024年度末の3.7GHz帯及び4.5GHz帯の特定基地局数（屋外） | 8,001局 | 30,107局 | 7,355局 | 15,787局 |
| | 2024年度末の28GHz帯の特定基地局数（屋外） | 5,001局 | 12,756局 | 3,855局 | 7,948局 |
| 2021年割当て時 | 2028年度の5G基盤数（東名阪以外）：母数3,361 | 3,193メッシュ | 2,038メッシュ | 3,190メッシュ | 2,701メッシュ |
| | 同　5G基盤展開率（東名阪以外） | 95.0% | 60.6% | 94.9% | 80.4% |
| | 2028年度の5G特定基地局数（屋外） | 14,850局 | 6,790局 | 16,000局 | 29,798局 |
| | 2028年度の5G特定基地局数（屋内） | 1,320局 | 283局 | 300局 | 618局 |
| | 2028年度の面積カバー率 | 19.2% | 6.3% | 31.0% | 28.2% |

出典：総務省資料（※）を基に筆者作成
※総務省総合通信基盤局「第 5 世代移動通信システムの導入のための特定基地局の開設計画の認定に係る審査結果」平成 31 年 4 月
総務省総合通信基盤局「第 5 世代移動通信システムの普及のための特定基地局の開設計画の認定に係る審査結果」令和 3 年 4 月

2 つの基準が設けられていた。図表 4-4 はこれら 2 回の免許申請時の MNO 4 社の基地局整備計画をまとめたものである。

　図表 4-2 をみると、全国 4,464 個、うち東名阪 1,103 個、東名阪以外 3,361 個のメッシュに高度特定基地局を配置し、そこからその数倍の特定基地局を配置しても、面積カバー率を 50％以上に高めていくことは極めて困難なことであり、全国津々浦々まで 5G を展開するためには周波数計画の重要性や MNO の自助努力以外の必要性が読み解ける。

## (2) MNO と MVNO

　移動通信インフラを自ら構築し、所有する MNO に対し、MNO から回線を借りて自らのサービスを提供する仮想移動通信事業者（Mobile Virtual Network Operator：MVNO）が存在している。わが国では 2001 年に日本通信株式会社が PHS 網でデータ通信 MVNO を開始したことが MVNO の起源である[3]。5G では 4G 以前に比べ MVNO の存在は重要になることが想定される。

　なぜなら、5G の 3 つの特徴「超高速」「超低遅延」「多数同時接続」を同時に必要とする利用者は限定されるためである。もちろんこれらすべての特徴が同時に実現されることは望ましいが、必ずしも必要でない特徴まで実現することにより、使用する端末やサービスがオーバー・スペックになってしまい、機器や利用料金の高騰を招くことは、利用者にとって歓迎すべきことではないからである。例えば、ごく親しい仲間と SNS 上で動画を送受信して楽しむ利用者は「超高速」サービスは嬉しいが、何十分の 1 秒を争うような信頼性や、何十万人もの同時接続を期待している訳ではない。これらの特徴も実装されるために高価格化するのであれば利用を躊躇するかもしれない。

　5G の特徴であるネットワークスライシング機能も生かしながら、MNO だけではなく MVNO も顧客層ごとの多様なニーズに合わせた多種多様な

---

3　日本通信株式会社のウェブサイトより「企業情報」「早わかり！日本通信」（https://www.j-com.co.jp/corp/introduction.html, 2022 年 7 月 4 日閲覧）

サービスを提供してもらえる方が、利用者のニーズにより一層応えられるものになる。

　わが国の２回の5G用周波数割当てでは、MVNOの受入れ促進計画も比較審査の項目として重視され、2019年の割当て時には33点中４点（12%）、2021年の割当て時にはMNVOの普及につながるSIMロック解除やeSIM導入の取組みも含め、96点中24点（25%）を占めるに至っている。

## 第4節　自営通信網による5G

### (1)「ローカル5G」への期待

　5Gの展開は公衆通信網だけではなく、自営通信網においても大きな期待が寄せられている。わが国では、自営通信網を用いた局地的な5Gシステムに対し、「ローカル5G」という呼称が一般化している。例えば、5Gの「超高速」「超低遅延」という特徴を生かして工場内で生産設備や輸送機器を自動運転したり、「超低遅延」「多数同時接続」という特徴を生かして工場内のセンサで得られたデータを自動管理したりするなど、IoTでの利用が想定されている。具体的な利用事例は第3章、第11章などをご覧いただきたい。

　このような個別の企業や工場での利用ニーズに対して、MNOやMVNOが公衆通信網を活用してサービスを提供することも可能であろう。しかし、MNOやMVNOが得意とする最大公約数的な利用が見込まれる人間による移動通信の利用に対し、産業用のIoTでの利用はそれぞれのニーズに合ったカスタマイズが求められることに加え、例えば5Gで結ばれる機器に企業秘密が含まれるために具体的利用方法を他企業と共有したくないなどの事情もあることから、局所的、個別的な5Gの利用ができるしくみが求められた。

　また、前節でみたように、MNOによる公衆通信網での5G展開だけでは、面積カバー率の確保を期待することは困難であることから、産業用ニーズが存在する場所において、利用当事者による5Gの導入が可能となるような仕組みづくりも期待された。

## (2) 免許制度の特徴

　以上のような事情を背景に、5G 導入が予定されていた周波数帯のうち、2019 年 12 月に 28.2 ～ 28.3GHz がローカル 5G 用に周波数が分配されたことに続き、2020 年 12 月には、他の無線通信業務との調整は必要なものの 28.3 ～ 29.1GHz 帯に加え 4.6 ～ 4.9GHz 帯にも割当て帯域が拡大し、さまざまな用途で使い勝手が良くなった。ローカル 5G を諸外国と比較すると、わが国では専用周波数帯の割当てを受けて自営通信網として展開できる点に特徴がある（飯塚（2021））。そのためにローカル 5G の運用者は無線局免許を取得しなければならないという手間はかかるものの、WiFi など免許不要で利用できる機器では保証されない無線通信の安定性が確保され、5G の特徴を遺憾なく発揮できることになろう。

　ローカル 5G に関わる免許の主な特徴として、第 1 に、免許申請者がローカル 5G を設置する建物又は土地の所有者、もしくはこれら所有者から依頼を受けた者である点、第 2 に、自己土地利用に限定されており、他者土地利用の場合には固定通信での利用に限定される点、第 3 に、無線通信機器を運用する際に他の機器と同期での運用を促進している点があげられる。

　第 1 の特徴は、土地や建物の所有者、例えば工場主でなくても、通信機器メーカや通信事業者（全国で携帯電話事業や地域 BWA 事業を展開する大手移動体通信事業者は除く）に依頼して免許を取得してもらうことが可能であることを意味している。その結果、工場主が自前で技術者を雇用して無線局運用を行わなくても、専門業者に委託して運用してもらうことができる。ただし、この場合にはメーカは他人に対し電気通信サービスを提供することになるため、電気通信事業者としての登録又は届出が必要となる。これにより、居住地域から離れた工業地域で、公衆通信事業者が採算面で 5G のエリア拡大に二の足を踏む場所であっても、生産性向上に意欲をもつ工場主が比較的容易に 5G を導入しやすくなり、5G が全国展開しやすくなることが期待される。

　第 2 の特徴は、ローカル 5G の先行利用者だけではなく後発的利用者に対する権利が確保されていることを意味している。ここでの他者土地利用として、敷地内を横断する道路や他人の土地が想定されている。現時点では計画

はなくても、将来、この道路に 5G 技術を利用した自動運転バスやトラック
が走行することになった際に、先行者の権利が認められる場合、この道路に
新たにローカル 5G を導入することが困難になり、自動運転ができなくなっ
てしまうことが危惧される。そのため、道路等で分断された敷地のローカル
5G 利用が 1 つの免許で認められる反面、他者土地利用の部分については後
発的利用者にも先行者同様の移動通信での利用が保証されるように、電波利
用調整が行いやすい固定通信での利用に限定されている。

　第 3 の特徴は、特に「同時多数接続」を可能とするために、電波の効率
的利用を促進することにより、同じ周波数帯で同時接続可能な機器数を増加
させる目的が包含されている。各機器が電波を送受信するタイミングやフ
レーム長を合わせる「同期化」により、すべての機器が一斉にオン・オフさ
れている状況になるため、1 つの周波数で複数の機器からの送信を入れ子状
に行うことが可能となり、電波の干渉の可能性が低減させる。周波数不足が
危惧されるなかで、ローカル 5G 用の周波数帯を拡張するだけではなく、電
波の一層の効率的利用を進めることにより、将来の電波利用増加への対応を
図っていると評価できる方策である。

## （3）免許制度上の課題

　以上のように、現行の制度は、ローカル 5G を導入したい企業や自治体が
自ら 5G の無線局を運用しなくても無線通信機器メーカや地元の電気通信事
業者に依頼して設備を導入し、運用してもらうことが可能な制度にすること
により、ローカル 5G の普及を促すしくみとなっている。反面、従来の
WiFi 接続機器のように機器だけ設置すれば手軽に利用できるようになって
いないことに戸惑いを覚える企業や自治体も多いようである。

　また、自己土地利用、他者土地利用という区分があるために、ローカル
5G に接続した機器から発信される電波が自己土地利用の範疇にある土地や
建物から漏れ出さないように基地局の設置や機器の運用に工夫が必要な点も
使いづらさにあげられよう。

　さらに、「スタンドアロン（Standalone：SA）」と呼ばれる 5G の本格
運用までは、「アンカー」と呼ばれる 4G を用いたシステムの構築も必要に

なることも、ローカル 5G 構築の足かせとなることがあげられる。アンカー構築のためには、地域広帯域移動無線アクセスシステム、いわゆる「地域 BWA」を使用したシステムを導入者自らが構築するか、1.9GHz 帯 TD–LTE 方式デジタルコードレス電話を自ら構築するか、地域 BWA 事業者や携帯電話事業者の支援を受けて事業者の 4G 公衆通信網を使用するかが求められている。

　他方で、『ローカル 5G 免許申請支援マニュアル 2.02 版』にも紹介されているように[4]、従来の WiMAX に代えて、ローカル 5G を利用して消費者向け固定無線アクセス・サービスを提供することも可能になっている。そのため、高速ブロードバンド・サービスのインフラが未導入の集落において集落単位、自治会単位でブロードバンド化を図る方法としても機能し得る。

　したがって、さまざまな課題は存在する一方で、ローカル 5G は地域の情報化や生産性向上を推進し、人口減少、高齢化、過疎化が進む地域の社会課題やそのような地域における企業活動での多種多様な課題の解決につながる可能性を秘めているといえよう。

## 第 5 節　点的展開から面的展開へ

　本章を締めくくるに当たり、わが国における 5G の普及にかかる課題を指摘したい。

　わが国では、公衆通信網としての 5G と自営通信網としての 5G、すなわちローカル 5G とを切り分けて、それぞれにおいて普及を促進できるような制度設計がされてきた。したがって、公衆通信網、自営通信網、それぞれで今後の普及度合いをみる限り、着実な普及が見込まれるであろう。

　しかし、移動通信大手 4 社および全国 BWA 事業者 2 社の公衆通信網の 5G の展開も、大都市圏以外においては概ね 10km 四方に 1 か所設置される

---

4　第 5 世代モバイル推進フォーラムのウェブサイトより「ローカル 5G とは」「ローカル 5G 免許申請支援マニュアル 2.02 版」(https://5gmf.jp/case/4484/, 2022 年 7 月 4 日閲覧)

5G 高度特定基地局を中心に数個の特定基地局を組み合わせる形態となることが予測される。もちろん 6GHz 帯以下の比較的電波の飛びやすい周波数帯と 28GHz 帯の 5G 本来の機能が十分に発揮できる周波数帯を適宜組み合わせて、カバー面積を広げつつ、サービスの拡充を図ることが想定されるが、それでも電波の物理的特性を踏まえると、このような基地局配置では点的展開に限定される可能性が危惧される。一方、ローカル 5G は、サービスが導入者のニーズにカスタマイズされた形で点的に展開されることになる。その結果、点的展開は見込まれるものの、面的展開にどのようにつなげていくのかが課題となる。

　基地局の配置において公衆通信網とローカル 5G が別々に展開される場合、面的展開を考慮した際に最適となるような基地局の配置ができないことが予想される。その意味で、ある地域でローカル 5G を導入する際に公衆通信事業者が積極的に関与できるしくみがあることが望まれるだろう。

　現在の免許制度において公衆通信網と自営通信網を切り分けている最大の要因は、公衆通信事業者がローカル 5G 用の周波数を利用して全国ネットワークを構築することがないようにし、公衆通信事業者間での競争の公平性を保とうという点にあると考えられる。周波数オークション制度や二次取引制度が未導入のわが国では、事業者買収を通じて移動通信事業用の周波数を確保してきた事業者も存在した。そのような歴史的事実に対する対抗策として打ち出された制度であるが、人口減少が進み、経済の伸びが抑えられ、情報通信市場が成熟化した市場において、新たな投資を呼び込むことは難しいだろう。そのような状況において投資の効率化を図ることも課題となろう。今後、5G が点的展開から面的展開へうまく移行できないような事態に陥った際には、免許制度上の垣根が低くなったり、取り払われたりすることになるだろう。

〈参考文献〉

飯塚留美（2021）「ローカル 5G の海外最新動向」『情報通信学会誌』39（2），pp.91-96。

湧口清隆（2006）「変革期にある欧州の電波政策とその背景」和気洋子・伊藤規子

編著『EU の公共政策』慶應義塾大学出版会，第 5 章，pp.155–195。

Coase, R.H.（1960）"The Problem of Social Cost," *Journal of Law and Economics*, 3（1）, pp.1–44.

Pigou, A.C.（1920）*The Economics of Welfare*（1st ed.）, London: MacMillan and Co. Ltd.

（湧口清隆）

# 第 5 章

# 次世代型映像地域メディアの可能性

### はじめに

　本章では、情報通信産業の構造変容が期待される分野の1つとして、映像地域メディアをとりあげる。デジタル技術革新を受けて放送と通信の融合が進んできたが、5G時代では、もはや、テレビなのかインターネットなのかという伝送方式の違いは、メディア・サービス提供において意識する必要はない。次世代型映像地域メディア創出の環境が整ってきたといえ、地域情報をよりきめ細やかに充実させていくということを社会課題と捉えて、その必要性と方策を探っていく。

## 第1節　社会課題解決の視点

　自動運転、遠隔医療、スマート工場、スマートシティ。5Gが語られるとき、こうした華々しい未来社会到来への期待が込められる。映像産業においても、4K/8Kといった超高画質映像や、AR/VRによる没入型体験コンテンツなど、革新的サービスがもたらされるのだと喧伝される。無論、本書はそうした5G技術のイノベーションに注目しているわけだが、ここでは、若干視点を変えて、5Gによる社会課題解決を論じてみたい。イノベーションとは、技術革新だけを意味するものではなく、これまでのやり方を変えて新しい価値を生み出すことでもある。

　そこで、本章では、情報通信産業のなかでも、メディア、とりわけ、映像地域メディアをとりあげ、5Gの普及がその発展に貢献できる可能性を提示したい。「2時間の映画を3秒でダウンロードできる」といわれる5Gが映

像伝送に最適なのは言を俟たず、後述する映像地域情報流通の現状に鑑みて、次世代型映像地域メディアの姿を、米国の先進事例も引きながら探っていきたい。具体的には、大都市圏の映像地域情報に満たされていないニーズがあり、そこに、次世代型映像地域メディアの可能性があるのではないかという視点で論じていく。

## (1) 情報源としての映像メディア

まず、映像メディアの有用性について確認しておきたい。総務省の「令和2年度情報通信メディアの利用時間と情報行動に関する調査」(2020)によると、「世の中のできごとや動きについて信頼できる情報を得る」ために最も利用するメディアは、テレビが53.7%で最も高く、次いで、インターネットが26.1%、新聞が15.5%、ラジオが1.3%となっている。情報源として、映像メディアであるテレビと映像も扱えるインターネットが、活字と音声媒体を大きく引き離して利用されていることを示している。

通信速度の飛躍的な向上の恩恵を受けて、ネットフリックス（Netflix）に代表される各種動画配信サービスが激しい利用者獲得競争を繰り広げているが、これらが扱うのは、主に映画・ドラマ・バラエティ・スポーツなどの収益が見込める娯楽分野である。しかし、動画の情報量の豊富さに着目すれば、上記のような「世の中のできごとや動きについて信頼できる情報を得る」という娯楽以外の分野でもさらに活用が進んでいくことが見込まれる。

例えば、企業活動において、動画マーケティングが脚光を浴びている。1分間の動画は文字の180万字に相当する（McQuivey, 2008）といわれる圧倒的な情報量を生かして、動画コンテンツを消費者とのコミュニケーションの中心に置く試みが増えてきている。代表的な事例として、トヨタ自動車のオウンドメディア「トヨタイムズ」のテレビCM連動動画コンテンツがある。豊田章男社長が自ら言葉を発して伝える動画では、その語り口、表情が映し出され、親近感や共感も呼びやすい。

このように、映像メディアは、多くの人が利用する優れた情報源であり、5Gの普及により様々な分野でますます活用されていくことが見込まれる。地域メディアもその1つといえ、次世代型の新しいサービス創出が期待さ

れるところである。

## （2）地域ニュース・地域情報の送り手

　地域の映像情報というと、観光やシティプロモーションのために自治体が制作するものや、個人が地域のイベントを紹介したり、店舗が地域の顧客向けにサービスの宣伝をしたり、既存のメディア企業以外が主体となるものもあり、すでに SNS で数多く展開されている。これらは、今後ますますの広がりをみせるであろうが、本章で注目する次世代型映像地域メディアは、事件・事故・災害も含めた地域ニュース・地域情報を体系的・継続的に住民に提供できるサービスを念頭に置いている。

　したがって、そうした報道機能をすでに備えている既存メディア企業の動向を中心に検証していく。実際のところ、報道機能ももつ映像メディアへの新規参入は容易ではなく、次世代型映像地域メディアも何らかの形で、既存メディアがベースとなって創出される公算が高いと考えられる。

## 第2節　技術先行の日本

　次世代型映像地域メディアについて考える前に、映像産業を牽引する立場である日本の放送産業が、これまで必ずしもデジタル化に円滑に適応してこなかったことを振り返っておきたい。この 20 年間、電波政策の一環で導入された新メディア・サービスはことごとくうまくいっていない。

### （1）マルチ編成とワンセグ

　地上デジタル放送（以下、地デジ）は 2003 年に三大都市圏からスタートし、2011 年 7 月 24 日にアナログからデジタルに完全移行した（東北 3 県除く）[1]。地デジの新サービスとしては、横長ワイド画面（16 対 9）・高画質（HDTV: High Definition Television）となることに加え、1 つの放送局が

---

1　東日本大震災の影響で、岩手・宮城・福島の地デジ移行は 2012 年 3 月 31 日であった。

２〜３チャンネルを放送できるマルチ編成、モバイル端末が安定して受信できるワンセグ放送ができるということがメリットとして謳われた[2]。

ともに、地デジ用にテレビ局に割り当てられた 6MHz の周波数帯域を分割する高度な技術によって実現する新しい映像サービスである。しかし、現在マルチ編成を行っている民放テレビ局はほとんどなく[3]、ワンセグ放送については、2021 年に発売されたスマートフォンでは対応機種はゼロとなり（石井，2021）、両サービスともほとんど普及していない。

マルチ編成は、新たな番組制作にコストがかかる上、チャンネル単位の視聴率競争をベースとしている無料広告放送という確立したビジネスモデルを毀損する懸念－自らの別チャンネル放送が本チャンネル放送の視聴率を喰ってしまうという「カニバリゼーション」－があり、放送事業者自身が積極的ではなかった。ワンセグ放送は、通信速度の向上で YouTube などの動画視聴がスマホで快適にできるようになり、ニーズそのものが減ってしまったのである。

## (2) NOTTV と i-dio

地デジ移行で空いた「跡地」となった周波数 VHF 帯で展開された 2 つの携帯端末向けマルチメディア放送も十分なユーザーを獲得できないまま、数年でサービスを終了している。

V-High 帯（207.5-222MHz）の NOTTV（2012 年開始）は、NTT ドコモが中心となってバラエティ、スポーツ、ドラマなどのオリジナルコンテンツやスカパー！番組を有料（一部無料）で放送していたが、当初想定していた会員数の獲得に至らず、1,166 億円の累積損失を抱えて 2016 年 6 月に終了した。V-Low 帯（90-108MHz）の i-dio（2016 年開始）は、エフエム東京が中心となって高音質なデジタルラジオサービスを中心に展開していた

---

2　他に、データ放送があり、市町村自治体と連携して住民に情報提供するサービスが一部で始まっている。先進事例として、KBC 九州朝日放送の「d ボタン広報誌」がある。
3　マルチ編成を積極的に活用している例としては、千葉テレビの「チバテレシティチャンネル」がある。2020 年春のコロナ禍の全国一斉休校時に、サブチャンネルを使ってテレビ授業放送を行ったのをきっかけに、次世代育成型チャンネルと位置づけて複数の番組を放送している。

無料放送サービスだったが、2020年3月に終了した。

　両サービスともに失敗に終わった要因は、新規の対応機器が必要であったことがボトルネックとなったことが考えられる。つまりサービス利用には新しい機器を購入する必要があるというハードに紐づいたサービスであった上、サービス開始後も、まだその対応機器が市場に出回っていない状態だったのだ。

### (3)「デジタル敗戦」の教訓

　ワンセグと2つのマルチメディア放送は、いずれも技術的には高度な新放送サービスであったが、受信のためには専用チューナー搭載の携帯端末が必要で、特に、急速に普及したiPhoneは日本国内だけのこれらの技術に対応しなかったので、人々に広く受け入れられることはなかった。これとは対照的に、特別な受信機器を必要とせず、手持ちの機器で、インターネット回線とアプリケーションさえあれば利用できるNetflixやAmazonプライムビデオなどの米国発の映像配信サービス（OTT）は、昨今、爆発的に利用者が増えている。国内に目を向けても、アプリのダウンロードだけで利用できるラジコ（radiko）は成功を収めている。

　放送分野に限らず、情報通信分野において、日本は官民ともに、インフラ偏重、ハード先行で進むことが多い。固定系ブロードバンドに占める光ファイバーの割合やモバイルブロードバンド普及率は世界トップレベルだが（総務省, 2021）、それを活用する新しいサービスは、GAFAが支配し、それに対抗しうる規模の国内企業サービスは生まれていない。コロナ禍においては「デジタル敗戦」と表現されるほど、行政分野のデジタル活用の遅れが露呈した。

　技術先行は必ずしもイノベーションにはつながらない。つまり、「技術的に可能」ということと、「サービスとして実装して受け入れられる」ということは別の話であるということを、5Gについて考える際にも肝に銘じておきたい。新しい情報通信サービスを考える際には、どこにどのようなニーズがあるのかをしっかりと見極め、そのニーズに対して誰がどのような手段でそれを提供するかを吟味しなければならないということだ。では、次節では、そのニーズのありかを探っていこう。

## 第3節　大都市圏の映像地域メディア不足

　ここでは、地域情報を提供する映像メディアが未発達であるという社会課題について論じていく。とりわけ、あまり意識されることはないが、大都市圏の映像地域メディアが手薄であるという実態を顕在化させる。

　すでにサービスとして定着している映像地域メディアは放送メディアで、地上波テレビとケーブル・テレビ（CATV）のコミュニティチャンネルがあるが、地域によってその提供状況は異なっている。特に、大都市圏においては、制度設計の経緯や経営上の理由から、地方都市部のメディアよりも手薄となっていることがある。ここでは、これらの映像地域メディアの現況について概観する。

### （1）NHK の地域放送

　NHK の地上波総合テレビにおける地域向けの放送時間は 1 日平均 3 時間程度である。しかも、その地域向け放送のほとんどは、北海道を除けば[4]、東北・関東甲信越・近畿・中部・四国・九州沖縄と地域ブロック単位で行われており、県域単位の番組は数分から数十分のニュース・天気予報を主としたもので、豊富な地域情報を提供するメディアとは言い難い。アナウンサーを含む局員も数年ごとに配置換えされ、地域密着度が高いわけではない。

　図表 5-1 は、地域向け放送番組で最も長尺が確保されている夕方 18 時帯の各地域の番組とその放送エリアをまとめたものだ（2021 年度前半期）。三大都市圏以外は、東北ブロックを除けば、各県を対象に、50 分間の独自の地域番組が放送されている。これに対し、三大都市圏の関西（近畿ブロック）と中京（中部ブロックの東海 3）地域は、前半 20 分は、それぞれ「ニュースほっと関西」と「まるっと！」という共通番組で、後半の 30 分のみ、各

---

4　北海道は全域が 1 つのブロックで、平日夕方ニュース「ほっとニュース北海道」内に 5 分間の地域局ニュース枠（札幌・函館・旭川・帯広・釧路・北見・室蘭）を設けていたが、2022 年度より、「道央」「道南」「道北・オホーツク」「道東」の 4 地域に編成し、15 分番組に拡大した。

図表 5-1　NHK の平日 18 時台の地域向け放送番組（2021 年度前半期）

| 地域ブロック | | 地域放送局 | 18:10-18:30 | 18:30-19:00 |
|---|---|---|---|---|
| 関東甲信越ブロック | 東京単 | 東京（東京） | 首都圏ネットワーク | |
| | | 横浜（神奈川） | | |
| | | 千葉（千葉） | | |
| | | さいたま（埼玉） | | |
| | | 前橋（群馬） | 首都圏ネットワーク | ほっとぐんま６３０ |
| | | 宇都宮（栃木） | | とちぎ６３０ |
| | | 水戸（茨城） | いば６ | |
| | | 長野（長野） | イブニング信州 | |
| | | 新潟（新潟） | 新潟ニュース６１０ | |
| | | 甲府（山梨） | News かいドキ | |
| 近畿ブロック | | 大阪（大阪） | ニュースほっと関西 | |
| | | 神戸（兵庫） | ニュースほっと関西 | Live Love　ひょうご |
| | | 京都（京都） | | 京いちにち |
| | | 和歌山（和歌山） | | ギュギュっと和歌山 |
| | | 奈良（奈良） | | ならナビ |
| | | 大津（滋賀） | | おうみ発６３０ |
| 中部ブロック | 東海３ | 名古屋（愛知） | まるっと！ | |
| | | 岐阜（岐阜） | まるっと！ | まるっと！ぎふ |
| | | 津（三重） | | まるっと！みえ |
| | | 静岡（静岡） | NHK ニュース　たっぷり静岡 | |
| | | 金沢（石川） | かがのとイブニング | |
| | | 富山（富山） | ニュース富山人 | |
| | | 福井（福井） | ニュースザウルスふくい | |
| 中国ブロック | | 広島（広島） | お好みワイドひろしま | |
| | | 岡山（岡山） | もぎたて！ | |

（図表 5-1　つづき）

| | | | | |
|---|---|---|---|---|
| | | 松江（島根） | しまねっと NEWS 610 | |
| | | 鳥取（鳥取） | いろ★ドリ | |
| | | 山口（山口） | 情報維新！やまぐち | |
| 九州沖縄ブロック | 福岡県域 | 福岡（福岡） | ロクいち！福岡 | |
| | | 北九州（福岡） | ロクいち！福岡 | ニュースブリッジ北九州 |
| | | 熊本（熊本） | クマロク！ | |
| | | 長崎（長崎） | イブニング長崎 | |
| | | 鹿児島（鹿児島） | 情報 WAVE かごしま | |
| | | 宮崎（宮崎） | イブニング宮崎 | |
| | | 大分（大分） | いろどり OITA | |
| | | 佐賀（佐賀） | ニュースただいま佐賀 | |
| | | 沖縄（沖縄） | おきなわ HOTeye | |
| 東北ブロック | | 仙台（宮城） | 東北ココから＊年 10〜20 程度各局単独で制作 | |
| | | 秋田（秋田） | | |
| | | 山形（山形） | | |
| | | 盛岡（岩手） | | |
| | | 福島（福島） | | |
| | | 青森（青森） | | |
| 四国ブロック | | 松山（愛媛） | ひめぽん！ | |
| | | 高知（高知） | こうちいちばん | |
| | | 徳島（徳島） | とく6徳島 | |
| | | 高松（香川） | ゆう6かがわ | |

出典：NHK の「2021 年度前半期　定時番組の部門種別（各地域）」より筆者作成

府県域単位の番組となっている。関東（関東甲信越ブロックの東京単）では、茨城県（水戸）で 50 分間の、群馬県（前橋）と栃木県（宇都宮）で後半 30 分の独自番組に差し替わっているが、東京都・神奈川県・千葉県・埼玉県については、「首都圏ネットワーク」という共通番組である。異色なのは

福岡県域で、同県内であるのに北九州地域は後半30分が別番組となっている。

　三大都市圏は、圏内の人の移動も多く、経済圏としてのまとまりもあるので、情報を共有するという意味で、同一番組を放送する合理性はある。しかし、コロナ禍の緊急事態宣言などの対応で可視化されたように、都道府県単位や生活圏内ごとに伝えなくてはならない情報は多い。そもそも単純に考えて、人口が多いということは、それに比例して、学校、商業施設、交通機関、イベントも多く、事件・事故や地域社会課題も多く発生するはずである。福岡県域が、福岡市と北九州市という2つの代表的な中心市街地で情報を出し分けているのに対し、三大都市圏が大括りされて、同じ番組が放送されていることには、地域情報源のあり方としては、大いに疑問をもつところである。

## (2) 地上波民放テレビの放送対象地域

　全国に127局ある地上波民放テレビは、地域ごとに電波が割り当てられて放送免許が交付されている。この放送対象地域は、原則県域だが、三大都市圏に関しては、関東広域が7都県（東京・神奈川・埼玉・千葉・茨城・栃木・群馬）、中京広域が3県（愛知・岐阜・三重）、関西広域が6府県（大阪・兵庫・京都・滋賀・奈良・和歌山）という、複数都府県を1つの放送対象地域とする広域免許となっている（図表5-2）。NHKのように地域番組を県域単位に分けての放送はしておらず、それぞれの広域圏では同じ番組が流される。

　広域圏のそれぞれの都府県には、民放ネットワークに属さない県域独立局も1局ずつ置局されているが（茨城県と愛知県を除く）、広域圏ではない福岡県（人口510万人）には5局置局されているのに、兵庫県（人口550万人）に1局というのは、均衡を図るには不十分である。

　このように、そもそもの制度設計上、地上波民放テレビは、特に大都市圏において、一人一人の視聴者のニーズを汲み取るようなきめ細やかな地域情報を提供できる仕組みとなっていない。また、経営上の要請から、ほとんどの局が東京キー局を頭とする5つのネットワークに系列化され、放送番組についての自律性が制限されている。例えば、第2節で触れた地デジのマル

チ編成は、自局発の地域情報を増やすために活用できるはずだが、系列局と
して東京キー局の全国ネット番組を放送している時に「裏番組」となってし
まうので、視聴率を奪ってしまうことが懸念され、活用されにくくなってい
る。

## (3) ケーブル・テレビ MSO の地域戦略

　地上波テレビの難視聴解消のために始まったケーブル・テレビサービスだ
が、現在では、多チャンネルサービス、大容量・双方向のインフラを生かし
たインターネット接続、電話・携帯電話事業、4K・8K 放送といった超高画
質放送サービス、さらに事業者によっては電力やガスの小売りサービスも提
供する地域の総合社会インフラとして発展している。その多様なケーブル・
テレビ事業者のサービスのなかで、映像地域メディアと位置づけられるのは、
自主放送で行われるコミュニティチャンネルである。自主放送を行う事業者
は 2020 年度末で 464 事業者 あり、加入世帯は全国で約 3,117 万世帯、世
帯普及率は 52.4％となっている（総務省， 2021）。

　大都市圏では、MSO（Multiple System Operator）と呼ばれる複数のケー
ブル・テレビ局を統括して運営する事業者がサービスを展開するケースが目
立つ。1993 年に地元事業者要件が廃止されたことで事業の広域展開が可能
となり、MSO は、収益性の高い都市部のケーブル・テレビ局を吸収合併し
て勢力を拡大してきた。三大都市圏では、関東（栃木県除く）と関西（滋賀
県・奈良県を除く）でジェイコム（J:COM）が、中京で CNCI グループ[5] が、
多くの世帯にリーチしている。

　国内最大の MSO である J:COM は、関東・関西に加え、札幌・仙台・九
州山口の全国 5 大都市圏で、66 地域のグループ各局を傘下にもつ。当初は
スケールメリットを求める経営上の理由からの勢力拡大であり、コストがか
かるのに収益性があまり高くはないコミュニティチャンネルに注力はしてい
なかった。しかし、2014 年のジャパンケーブルネット（JCN）との統合を

---

5　CNCI（株式会社コミュニティネットワークセンター）は、東海地域のケーブル・テレ
　ビ事業者 11 社の統括運営会社で、接続総世帯数は約 150 万世帯。

図表 5-2　全民放地上波テレビ局の置局状況（ネットワーク別）

| | JNN・28局 | NNN・30局 | FNN・28局 | ANN・26局 | TXN・6局 | 県域独立局・13局 |
|---|---|---|---|---|---|---|
| 北海道 | 北海道放送 | 札幌テレビ放送 | 北海道文化放送 | 北海道テレビ放送 | テレビ北海道 | |
| 青森 | 青森テレビ | 青森放送 | | 青森朝日放送 | | |
| 岩手 | アイビーシー岩手放送 | テレビ岩手 | 岩手めんこいテレビ | 岩手朝日テレビ | | |
| 宮城 | 東北放送 | 宮城テレビ放送 | 仙台放送 | 東日本放送 | | |
| 秋田 | | 秋田放送 | 秋田テレビ | 秋田朝日放送 | | |
| 山形 | テレビユー山形 | 山形放送 | さくらんぼテレビジョン | 山形テレビ | | |
| 福島 | テレビユー福島 | 福島中央テレビ | 福島テレビ | 福島放送 | | |
| 東京 | TBSテレビ | 日本テレビ放送網 | フジテレビジョン | テレビ朝日 | テレビ東京 | 東京メトロポリタンテレビジョン |
| 群馬 | | | | | | 群馬テレビ |
| 栃木 | | | | | | とちぎテレビ |
| 茨城 | | | | | | |
| 埼玉 | | | | | | テレビ埼玉 |
| 千葉 | | | | | | 千葉テレビ放送 |
| 神奈川 | | | | | | テレビ神奈川 |
| 新潟 | 新潟放送 | テレビ新潟放送網 | NST 新潟総合テレビ | 新潟テレビ21 | | |
| 長野 | 信越放送 | テレビ信州 | 長野放送 | 長野朝日放送 | | |
| 山梨 | テレビ山梨 | 山梨放送 | | | | |
| 静岡 | 静岡放送 | 静岡第一テレビ | テレビ静岡 | 静岡朝日テレビ | | |
| 富山 | チューリップテレビ | 北日本放送 | 富山テレビ放送 | | | |
| 石川 | 北陸放送 | テレビ金沢 | 石川テレビ放送 | 北陸朝日放送 | | |
| 福井 | | 福井放送 * | 福井テレビジョン放送 | 福井放送 * | | |
| 愛知 | CBCテレビ | 中京テレビ放送 | 東海テレビ放送 | 名古屋テレビ放送 | テレビ愛知 | |
| 岐阜 | | | | | | 岐阜放送 |
| 三重 | | | | | | 三重テレビ放送 |

(図表 5-2 つづき)

| 都道府県 | | | | | | |
|---|---|---|---|---|---|---|
| 大阪 | 毎日放送 | 讀賣テレビ放送 | 関西テレビ放送 | 朝日放送テレビ | テレビ大阪 | |
| 滋賀 | | | | | | びわ湖放送 |
| 京都 | | | | | | 京都放送 |
| 奈良 | | | | | | 奈良テレビ放送 |
| 兵庫 | | | | | | サンテレビジョン |
| 和歌山 | | | | | | テレビ和歌山 |
| 鳥取 | 山陰放送 | 日本海テレビジョン放送 | 山陰中央テレビジョン放送 | | | |
| 島根 | | | | | | |
| 岡山 | 山陽放送 | 西日本放送 | 岡山放送 | 瀬戸内海放送 | テレビせとうち | |
| 香川 | | | | | | |
| 徳島 | 四国放送 | | | | | |
| 愛媛 | あいテレビ | 南海放送 | テレビ愛媛 | 愛媛朝日テレビ | | |
| 高知 | テレビ高知 | 高知放送 | 高知さんさんテレビ | | | |
| 広島 | 中国放送 | 広島テレビ放送 | テレビ新広島 | 広島ホームテレビ | | |
| 山口 | テレビ山口 | 山口放送 | | 山口朝日放送 | | |
| 福岡 | RKB毎日放送 | 福岡放送 | テレビ西日本 | 九州朝日放送 | TVQ九州放送 | |
| 佐賀 | | | サガテレビ | | | |
| 長崎 | 長崎放送 | 長崎国際テレビ | テレビ長崎 | 長崎文化放送 | | |
| 熊本 | 熊本放送 | 熊本県民テレビ | テレビ熊本 | 熊本朝日放送 | | |
| 大分 | 大分放送 | テレビ大分* | テレビ大分* | 大分朝日放送 | | |
| 宮崎 | 宮崎放送 | テレビ宮崎* | テレビ宮崎* | テレビ宮崎* | | |
| 鹿児島 | 南日本放送 | 鹿児島讀賣テレビ | 鹿児島テレビ放送 | 鹿児島放送 | | |
| 沖縄 | 流球放送 | | 沖縄テレビ放送 | 琉球朝日放送 | | |

出典：日本民間放送連盟の資料より筆者作成

機に、コミュニティチャンネルの地域情報番組に力を入れはじめた。その際、広域ではなく狭域番組コンテンツに需要があると判断し、グループ各局に「地域プロデューサー」を配置し、地域社会との接点として情報収集に努めている[6]。

　図表5-3はJ:COMグループのジェイコムウエストの地域局一覧と放送されている平日の地域情報生番組（2022年3月現在・再放送あり）である。25分程度の番組ではあるが、大都市圏を狭域に区切って情報発信を試みている姿勢は評価できる。また、これらのコンテンツをネットでも視聴可能としているが、これについては次節で述べる。

### (4) 小括

　ここまで、映像地域メディアの現状を、特に大都市圏での地域情報提供実態に注目して概観してきた。地上波テレビはNHKも民放も大都市圏をまとまりとして扱う設計になっており、地域のきめ細やかな情報をとりあげることができていない。ケーブル・テレビのコミュニティチャンネルがこれを補う役割を担おうとしているが、どのくらい視聴されているかの指標が公表されていないので、浸透度合いは不明である。一般的には、地上波テレビと横並びのリモコンで、チャンネル選択争いで勝ち抜くほどのメディアパワーを現時点ではもち得ていないと考えられる。

　つまり、映像地域メディアが手薄なのが大都市圏の現状なのだが、メディアは所与のものなので、異なる地域に住むなどの経験がない限りあまり認識されることがなかった。仮に認識されても、テレビ放送以外に映像を扱うメディアがなかった時代には、それをすぐに提供する方策がなかった。しかし、今、5Gという映像伝送に優れた通信技術が、映像地域メディアへのこうした潜在ニーズを掘り起こす局面にきている。

---

6　情報通信学会・地域メディアプラットフォーム研究会主催のパネルディスカッション「地域ニュースの流通を担うのは？ケーブルvs.ウェブ－それぞれの挑戦－」におけるパネル高平太氏の発言を参照している。

図表 5-3　ジェイコムウエストの地域局で放送されている平日の地域情報生番組
　　　　　（2022 年 3 月現在）

| 京都みやびじょん局 | 京都府京都市、向日市、長岡京市、大山崎町 | ジモト応援！つながる News 〜京都・北大阪・北河内〜（初回生放送 17:00 〜） |
| 高槻局 | 大阪府高槻市、三島郡島本町 | |
| 北摂局 | 大阪府箕面市、茨木市、摂津市 | |
| 北河内局 | 大阪府守口市、門真市、大東市、四條畷市、交野市、寝屋川市 | |
| 北大阪局 | 大阪府吹田市、豊中市、池田市 | |
| 大阪局 | 大阪府大阪市阿倍野区、住吉区、天王寺区、東住吉区、平野区、生野区 | ジモト応援！つながる News 〜大阪・東大阪・かわち〜（初回生放送 18:00 〜） |
| 大阪セントラル局 | 大阪府大阪市都島区、城東区、東成区、鶴見区、旭区、東淀川区、淀川区、中央区、北区 | |
| 東大阪局 | 大阪府東大阪市 | |
| かわち局 | 大阪府松原市、藤井寺市、八尾市、柏原市、羽曳野市 | |
| 堺局 | 大阪府堺市 | ジモト応援！つながる News 〜南大阪・りんくう・和歌山〜（初回生放送 17:00 〜） |
| りんくう局 | 大阪府貝塚市、熊取町、泉佐野市、田尻町、泉南市、阪南市、岬町 | |
| 南大阪局 | 大阪府大阪狭山市、河内長野市、富田林市 | |
| 和泉・泉大津局 | 大阪府和泉市、泉大津市 | |
| 和歌山局 | 和歌山県和歌山市、海南市、岩出市、紀の川市 | |
| 神戸芦屋局 | 兵庫県神戸市東灘区、灘区、中央区、兵庫区、北区、芦屋市 | LIVE ニュース〜兵庫〜（初回生放送 11:00 〜） |
| 神戸三木局 | 兵庫県神戸市長田区、須磨区、垂水区、西区、三木市 | |
| 宝塚川西局 | 兵庫県宝塚市、川西市、三田市、猪名川町 | |

出典：J:COM のウェブサイトとケーブル年鑑 2022（サテマガ・ビー・アイ、2021）から筆者作成

## 第4節　映像地域メディアのネット展開

　全国・海外の映像ニュースをネットで視聴できる機会は増えている。海外メディアや日本の在京キー局が、YouTube やアプリで、放送のニュースコンテンツを再利用する形で提供している。それでは、地域ニュース・地域情報はどうであろうか。ここでは国内と米国のローカルニュースのネット展開の現状をみていく。

### (1) J:COM と NHK

　J:COM では、2017 年 4 月にスマートフォン向け地域情報アプリ「ど・ろーかる」の提供を開始している。スマホやタブレットで、J:COM チャンネルで放送中の全エリアの過去 1 週間分のニュース・情報番組を、居住エリアに関係なく、J:COM サービス未加入者でも、無料で視聴することができる（通信料は利用者負担）。また、全国に設置された海岸・河川監視および交通情報カメラ 99 か所（2022 年 3 月 10 日現在で筆者が確認）の映像をリアルタイムで視聴できるほか、祭りや花火大会もライブ配信される。

　また、NHK では、放送のネット常時同時配信をウェブサイトとアプリで行う「NHK プラス」を 2020 年 4 月に開始し、南関東エリア（埼玉県・千葉県・東京都・神奈川県）の放送を流しているが、それ以外の地域での 18 時台のローカルニュースを見逃し配信で提供している。

### (2) 三大都市圏の地上波民放局のニュースネット配信

　三大都市圏の民放テレビ局のニュースネット配信について、YouTube、LINE、TikTok の 3 種の SNS 公式アカウントと、動画配信サービス・アプリの有無を図表 5-4 にまとめている。なお、関東広域局（キー局）については、国際情勢、政治経済、事件事故の全国ニュースが提供されていて、関東ローカルを意識したサービスが見当たらなかったため省いている。

　SNS では、放送用に自社で取材したニュースを 1 本ずつ独立させて表示する形式が多いが、YouTube では、選挙や災害報道などでネット独自の番

組を配信するケースも出てきた[7]。動画配信サービスで、ニュースコンテンツ
も配信しているのは「エムキャス」と「ロキポ」で、ともにウェブサイトか
アプリで、全国で無料視聴できる。東京 MX の「エムキャス」は、東京 MX
の放送番組の同時配信サービスで、群馬テレビの番組も一部配信している。
「ロキポ」は名古屋本社の 4 局が共同で立ち上げたテレビ番組の広告付き無
料見逃し配信サービスで、ニュースというカテゴリーを設け、各局で放送さ
れたニュース動画が一覧表示されて視聴可能となっている。

　スマホアプリ単独での展開は、とちぎテレビの「とちテレアプリ」と名古
屋テレビの「ウルフィアプリ」で、いずれも天気予報・ローカルニュースの
提供や視聴者とのコミュニケーション機能も備えている。

　これらの民放テレビ局のニュースネット配信は、基本的には放送した
ニュースの再利用で、「大都市圏の大括り」問題解消には、ネット独自のニュー
スコンテンツが待たれるところである。

## (3) 米国のローカルニュース配信

　近年、米国の地上波ローカルテレビ局はネットニュース配信に本格的に取
り組むようになっている。ニュースごとに切り分けたオンデマンド配信では
なく、テレビ放送同様、配信側のスケジュールに沿ってのリニア配信が主流
となっている。放送コンテンツを再編集してリピート放送するパターンと、
ストリーミング用にオリジナル番組を制作するところもある。

　最も積極的なのは三大ネットワークの CBS で、他社に先駆けて CBSN と
いう無料広告モデルの 24 時間ネットニュースを 2014 年 11 月に立ち上げ、
2018 年からは地域ごとのニュースを強化してきた。2022 年 1 月には、
CBS News Streaming Network にリブランドし、ローカル拠点も全米 14
都市に拡大して、ローカルニュースライブ配信を供給している。アプリはも
ちろん、Apple TV や Amazon Fire TV など 30 のデジタルプラットフォー
ムで提供され、91 か国でライブ視聴できる（CBS NEWS, 2022）。

---

7　2021 年 10 月 31 日の第 25 回衆議院議員選挙等開票日に、在阪の地上波民放 5 局すべ
　てが自局の公式 YouTube チャンネルで、放送とは別に開票速報の特別番組を配信した。

図表 5-4　三大都市圏の地上波民放テレビ局のニュースネット配信

| | | YouTube公式チャンネル（ニュース配信用） | チャンネル登録日 | 登録者数 | LINE公式アカウント（ニュース） | 友だち | ニュース配信頻度/時間 | TikTok公式アカウント（ニュース） | フォロワー | 動画配信サービス（ニュースあり） | アプリ |
|---|---|---|---|---|---|---|---|---|---|---|---|
| 関西広域局 | 朝日放送テレビ | ABCテレビニュース | 3/13/2012 | 24.3万 | ABCニュース | 28.01万 | 月水金/18:40 | ABCニュース | 34.8K | | |
| | 読売テレビ | 読売テレビニュース | 2/9/2017 | 16.4万 | 読売テレビニュース | 28.6万 | 月火水木金/20:55 | 読売テレビニュース | 68.9K | | |
| | 毎日放送 | MBS NEWS | 5/29/2019 | 12.5万 | MBSニュース | 34.68万 | 月火水木金/21:00 | MBSニュース | 33.9K | | |
| | 関西テレビ | 関西テレビNEWS | 12/25/2019 | 4.54万 | 関西テレビニュース | 43.26万 | 月金/18:00 | 関西テレビNEWS | 55.6K | | |
| | テレビ大阪 | テレビ大阪ニュース | 3/10/2021 | 3.53万 | | | | やさしいニュース（テレビ大阪ニュース） | 21.1K | | |
| 中京広域局 | 東海テレビ | | | | 東海テレビNEWS | 33.12万 | 月水金/18:00 | ニュースONE | 82.2K | | |
| | CBCテレビ | CBCニュース | 12/7/2016 | 10.3万 | CBCテレビNEWS | 28.38万 | 月火水木金/16:52 | CBCテレビニュース | 34.1K | ロキポ 2020/3- | |
| | 中京テレビ | 中京テレビNEWS | 7/28/2021 | 5730 | 中京テレビNEWS | 26.95万 | 月火水木金/16:49 | 中京テレビNEWS | 51.4K | | |
| | テレビ愛知 *愛知県域局 | テレビ愛知NEWS [ニュース・スポーツ公式チャンネル] | 9/8/2021 | 1780 | | | | テレビ愛知ニュース | 8862 | | |
| | 名古屋テレビ | メ〜テレニュース | 2/5/2020 | 4.22万 | メ〜テレニュース | 7.06万 | 月水金/17:30 | メ〜テレニュース | 23.8K | | ウルフィアプリ 2021/7- |

（図表 5-4　つづき）

| 地域 | 局 | チャンネル名 | 開設日 | 登録者数 | ニュース番組名 | 視聴数 | 配信時間 | | 登録者数 | 配信サービス |
|---|---|---|---|---|---|---|---|---|---|---|
| 関東県域独立局 | 東京 MX | TOKYO MX*1 | 6/6/2007 | 24.2万人 | TOKYO MX ニュース | 44.17万 | 火金 /17:00 | | | エムキャス 2015/7- |
| | 群馬テレビ | 群馬テレビ・群テレ *1 | 1/18/2017 | 2.38万人 | 群馬テレビニュース | 8.5万 | 火木土 /17:08 | | | エムキャスで配信 2017/7- |
| | とちぎテレビ | とちテレ NEWS | 12/4/2020 | 3530 | とちテレニュース | 8.66万 | 月水金 /12:01 | | | とちテレアプリ 2015/10 |
| | 千葉テレビ | 千葉ニュース（チバテレ） | 6/14/2021 | 非表示 | チバテレ＋プラス | 32.63万 | 火木金 /12:25 | チバテレ＋プラス | 20.2K | |
| | テレビ埼玉 | テレ玉 NEWS | 7/15/2021 | 非表示 | テレ玉 NEWS | 5.82万 | 月金 /13:00 | | | |
| | テレビ神奈川 | ＊2 | | 非表示 | | | | | | |
| 関西県域独立局 | KBS 京都 | kbskyoto2*1 | 2/16/2009 | 9000 | | | | | | |
| | テレビ和歌山 | テレビ和歌山［公式］*1 | 6/4/2012 | 非表示 | | | | | | |
| | 奈良テレビ | 奈良テレビチャンネル*1 | 10/2/2013 | 1.87万人 | 奈良テレビ NEWS | 13.87万 | 月水金 17:25 | 奈良テレビ NEWS | 4397 | |
| | びわ湖放送 | アミンチュ公式チャンネル | 2/28/2014 | 8850 | BBC びわ湖放送 NEWS | 8.28万 | 火金 /17:58 | | | |
| | サンテレビジョン | サンテレビニュース | 8/18/2020 | 1.85万人 | サンテレビニュース | 23.55万 | 月水金 /14:00 | | | |
| 中京県域独立局 | 岐阜放送 | | | | LINE ぎふチャン DIGITAL（ニュース） | 2.41万 | 月水金 /14:00 | | | |
| | 三重テレビ放送 | 三重テレビ放送*1 | 1/29/2010 | 3770 | 三重テレビ NEWS | 14.94万 | 月水金 /12:00 | | | |

2022 年 3 月 11 日の午後帯に確認

*1 ニュース配信用ではなく、局の公式チャンネルでニュースの配信もあるもの
*2 テレビ神奈川はウェブサイトの tvk NEWS WALL で動画ニュース提供

出典：各サービスを参照して筆者作成

　米国のローカルテレビ局がネットニュース配信に取り組む背景には、1つには、モバイルファーストオーディエンスである若者世代へのリーチを取り戻すという意図がある。また、ドラマ等のコンテンツ視聴が放送からNetflixなどのSVOD（Subscription Video On Demand）へと奪い取られていくなか、自分たちの強みである報道を強化していく戦略の必要性に迫られた。そして、コロナ禍で、ローカル局のローカルニュースの重要性が高まったことで、その路線に自信を得たことに加え、ここへきて、米国のメディア消費の新たなトレンドが、この動きを加速させている。

　米国で、今、急速に利用者を伸ばしているのが、FAST（Free Ad Supported TV）というメディア・サービスである。無料の広告付きストリーミングサービスで、複数のリニアチャンネルを同時に配信し[8]、それは多様なプラットフォームで提供される。例えば、プルートTV（Pluto TV）は、自らのpluto.tvというウェブサイトのほか、PlayStation、Chromecast、iOS、Androidなど10以上のプラットフォームで展開され、200以上のチャンネル、数千のオンデマンドコンテンツを無料で視聴できる。

　コードカッターと呼ばれるケーブル・テレビを解約した人が、SVODやFASTといったインターネットのストリーミングサービスに乗り換えるのがここ数年の米国消費者の動向だが、その際、ケーブル・テレビでは視聴できていた地上波ローカルテレビのチャンネル[9]が観られなくなり、日々のローカルニュース番組へのアクセスを失ってしまうことが問題となっていた。そこで、ローカル局はそのニーズに応えるべく、ストリーミング向けのニュースのネット配信に力を入れるようになったのである。

　全米最大のローカルテレビ局所有会社であるSinclair Broadcast Groupは2019年1月にSTIRRというFASTサービスを開始し、79のローカルテレビ局（2021年1月時点）のニュース番組を現地の放送と同時配信で全国の契約者に提供している（Barnes, 2021）。また、独自のストリーミングサー

---

8　有力な3サービス、Pluto TV、Roku Channel、Tubiは、それぞれ5,000万人以上のアクティブユーザーを抱えている。
9　米国では、伝統的に過半数の世帯が有料のケーブル・テレビサービス経由で地上波放送を視聴している。つまり、ケーブル・テレビが地上波ローカルテレビ局のチャンネルを確保して同時再送信することが一般的であった。

ビスを立ち上げるほどのコンテンツ数も、人員やお金といったリソースもない他のローカル局も、FAST の 1 つのチャンネルとしてなら、放送用に取材したニュースや番組を再利用することで参画できることから、ローカルニュース番組のネット配信は今後も進んでいくとみられる[10]。

　このように、映像地域ニュースが、放送だけに閉じず、ネット配信へダイナミックに拡大しているのが、米国の現状であり、日本国内にもこれに倣った動きは大いにあり得る。

## 第 5 節　次世代型映像地域メディアの展望

　本章では、5G 以降の新しい情報通信サービスに期待されるイノベーションとして、大都市圏の映像地域メディアをとりあげて議論してきた。最後に、大都市圏の映像地域メディア出現に期待する理由をまとめておこう。

　第 1 に、大都市圏は 5G の早期の整備が見込める。そしてそのサービスは、データ通信量の上限なしプランが主流となるとみられ、移動通信の制限であった「ギガ不足」を意識することなく動画視聴が可能となる。第 2 に、大都市圏には確実にニーズがある。横浜市・川崎市・神戸市・京都市といった大都市が、大括りされて、それぞれ、東京・大阪から発せられる地域情報に甘んじているのはどう考えても不合理であり、地域に特化した映像地域情報サービスが提供されれば利用者は相当数見込める。第 3 に、大都市には人的資源がある。映像地域情報コンテンツを制作するには、企画・取材・撮影・編集・音声・美術・演出・プロデュースなどを担う多くの働き手が必要で、大都市ではその人材を確保しやすい。大学などが人材を育成することも可能だろう。第 4 に、経済基盤があるので、広告主の獲得が見込めることも大きい。小規模の地域の広告主を開拓するだけでなく、ナショナルスポンサーが地域向けにカスタマイズした広告を出したいというニーズもあるはずだ。以

---

10　米国の動向は、NSI Research, Inc. の若山（テッド）隆氏の月刊『ニューメディア』NAB2022 事前勉強会（2022 年 3 月 16 日）での発表などを参照している。

上のように、条件が整っている大都市圏から動き出し、成功モデルを確立できれば、それを地方都市部にも展開していくことも見通せるだろう。

　免許事業として放送が行ってきた従来の映像地域メディア・サービスは、事業者数の制限、チャンネル数の制限、放送時間の制限、放送エリアの制限、さらには、民放であれば系列化によるネットワーク経営上の制限と、多くの制限を受け、極めて限られた範囲内で行われてきた。しかし、今後普及する5G回線を伝送路とすれば、これらの種々の制限からは解放される。人々が、ネットでどこからでも、あらゆる地域のできごとや動きについて信頼できる情報にアクセスできる社会の実現に向けて、5Gテクノロジーを次世代型映像地域メディアの創出に役立てることを、まずは、既存メディア企業に期待したい。

**〈参考文献〉**

Barnes, J. (2021, Jan. 19) "STIRR Adds Six News STIRR City Channels for Local Coverage," CORD CUTERS NEWS, (https://www.cordcuttersnews.com/stirr-adds-six-new-stirr-city-channels-for-local-coverage/, 2022年4月18日閲覧).

CBS NEWS (2022, Jan. 24) "About CBS News Streaming Network," (https://www.cbsnews.com/streaming/, 2022年4月18日閲覧).

石井 徹 (2021)「スマホから消えた『ワンセグ』、2021年は搭載機種ゼロに、その背景を探る」『ITmedia』(https://www.itmedia.co.jp/mobile/articles/2112/02/news092.html, 2022年4月15日閲覧).

「ケーブル年鑑」編集委員会 (2021)「ケーブル年鑑2022」サテマガ・ビー・アイ。

総務省 (2022)「令和2年度 情報通信メディアの利用時間と情報行動に関する調査」(https://www.soumu.go.jp/main_content/000765258.pdf, 2022年4月18日閲覧).

McQuivey, J.L. (2008, June 17) "How Video Will Take Over The World: What The Rise of OmniVideo Means For Consumer Product Strategy Professionals," Forrester Research.

総務省 (2021)「令和3年版情報通信白書」(https://www.soumu.go.jp/johotsusintokei/whitepaper/ja/r03/html/nd102100.html, 2022年4月15日閲覧).

総務省 (2021)「ケーブルテレビの現状（令和3年9月版）」(https://www.soumu.go.jp/main_content/000504511.pdf, 2022年4月15日閲覧).

（脇浜紀子）

# 第 II 部

## 5G モバイルのもたらす
## デジタル社会

# 第 6 章

# スマートフォン向け5Gの利用動向 －日本・韓国・中国の国際比較

## はじめに

　国際的なモバイル通信関連業界団体であるGSMA（2022）によると、世界の5G接続数は2022年に1億を超え、2025年には20億を突破する見込みである。特にアジアでは、人口増加と高度経済成長を背景に5Gに対する需要が飛躍的に拡大し、他地域を凌ぐ勢いで5Gの普及が進むことが予想されている。特に、同地域でいち早く5Gネットワークを展開した日本、韓国、中国では、「超高速」、「超低遅延」、「多数同時接続」といった5Gの恩恵を享受できる環境が整いつつある。

　本章では、5G先行国である日本、韓国、中国において5Gがどのように利用されているのか、その実態をアンケート調査の結果から定量的に分析し、各国の特徴を明らかにすることを試みる。具体的には、第1節で各国における5G政策の大まかな経緯や特徴を概観した後、第2節、第3節、第4節でアンケート調査の結果を考察し、第5節でまとめと日本の5G利用における今後の課題について述べる。各国の5G政策の詳細については、第9章、第10章、第11章を参照されたい。

　アンケート調査は、5G普及率が高いと予想される日本の1都3県（東京都、神奈川県、埼玉県、千葉県）、韓国のソウル首都圏（ソウル特別市、仁川広域市、京畿道）、中国の北京市（16市轄区）にて、20～69歳のインターネット利用者を対象にオンラインで実施した。調査は、2021年3月に韓国、同8月に中国、同9月に日本で実施した。それぞれ480（日本）、360（中国）、360（韓国）の有効回答を回収したが、回答者属性の偏りの影響を抑制するため、集計時に調査対象地域の性年代別人口構成比を基にウェイトづけを行った。

　なお、法人以外の一般ユーザに提供されている 5G サービスには、主に固定無線アクセスシステム（Fixed Wireless Access：FWA）向けのものとスマートフォン（以下スマホとする）向けのものとがあるが、本章では便宜上、スマホ向け 5G サービスを「5G」と呼ぶこととする。

# 第 1 節　日本・韓国・中国の 5G 展開状況

## (1) 日本

　日本の 5G 政策は、2020 年に予定されていた東京五輪までの 5G 実用化を 1 つの目標に据えて、展開されてきた。2015 年より産官学連携での研究開発プロジェクトや実証試験が実施されたほか、2016 年には総務省の情報通信審議会に新世代モバイル通信システム委員会が設置され、5G 実用化に向けた具体的な検討が開始された。その後、同委員会で取りまとめられた 5G のコンセプトや技術的条件を踏まえ、総務省が制度整備を行い、2019 年にモバイル通信事業者 4 社（NTT ドコモ、KDDI、ソフトバンク、楽天モバイル）に 5G 免許を交付した。

　ローカル 5G 制度の導入からも明らかなとおり、日本の 5G 政策の重要指針であり、大きな特徴でもあるのは、5G によって地域課題解決や地方創生が目指されているという点である。4G（LTE）までのモバイル通信サービスは人と人をつなぐツールとして発展してきたが、5G では人とモノやモノとモノをつなぐ IoT（Internet of Things）が可能となるため、人口減少や主要産業の衰退といった地域課題を解決する切り札として期待が寄せられている。このような背景から、日本では 5G を都市部だけでなく地方部でも早期普及させることが目指されている。

　5G の提供は、NTT ドコモ、KDDI、ソフトバンクが 2020 年 3 月に、楽天モバイルが同 9 月に開始した。各社、5G 用周波数帯（3.7GHz 帯、4.5GHz 帯、28GHz 帯）と 4G 用周波数帯を組み合わせて利用しており、総務省（2022a，2022b）によれば、2021 年 3 月時点の 5G 人口カバー率は 30％台で、2023 年に 98％に達する予定である。また、2021 年 12 月時点の 5G

契約数は 3,642 万と携帯電話契約数全体の 18.2％を占めている。

## （2）韓国

　情報通信技術（ICT）強国として知られる韓国では、政府が強い主導力を発揮して 5G の早期導入と普及に取り組んでいる。背景には、符号分割多元接続（CDMA）や全国ブロードバンド網に続き、5G でもグローバル市場をリードする狙いがある。

　韓国の 5G 政策は、2013 年に発足した朴槿恵政権の下で本格的に始動した。2017 年までに 5G ネットワーク構築環境を整備するための制度導入や規制緩和が進められ、2018 年には冬季平昌五輪で世界初の 5G 試験サービスが提供された。また、モバイル通信事業者 3 社（SK テレコム、KT、LG U ＋）は同年、3.5GHz 帯および 28GHz 帯の 5G 免許を取得し、2019 年 4 月 3 日午後 11 時（日本時間）に世界で初めて 5G 商用サービスの提供を開始した。その際にも政府が裏方として重要な役割を担った。政府は、事業者が一斉に 5G 提供を開始できるよう半年以上にわたって調整し、これによって米国との間で繰り広げられていた「世界初 5G」を巡る競争に勝利した。

　政府が音頭を取る形で 5G 商用化を達成した韓国であるが、5G 提供開始後も引き続き様々な施策が打ち出されている。施策は環境整備型から利活用促進型へとその方向性を変え、2019 年に発表された「5G ＋戦略」では、5G 関連産業の育成と 5G 活用サービスの実装を進めるための支援体制が整えられたほか、2022 年までに全国ネットワークを構築し、官民で総額 30 兆ウォンを 5G に投資する目標が設定された。2020 年には、5G 関連産業の更なる育成強化を図る「5G 投資促進三大パッケージ」もまとめられている。

　2022 年 5 月現在、モバイル通信事業者 3 社は主に 3.5GHz 帯を利用して 5G を提供しており、2022 年内に全国ネットワークの構築を完了する予定である。科学技術情報通信部（2022）によると、2021 年末現在の携帯電話契約数は 7,285 万 5,492 人で、うち 28.7％（2,091 万 5,176 人）を 5G 契約が占めている。

## (3) 中国

　中国では、早期から強力かつ具体的な 5G 政策が打ち出されてきた。背景には、3G や 4G の技術開発で世界に出遅れた反省や、米中間の関税・貿易摩擦が激化しハイテク覇権争いが勃発したことがある。ハイテク覇権争いでの主導権を握るためには、様々なデジタルサービスの基盤となる 5G で一歩先んじることが重要となる。

　中国の 5G 政策の端緒は、2013 年に工業情報化部、国家発展改革委員会、科学技術部が「IMT-2020（5G）推進組」を共同発足したことに遡る。IMT-2020（5G）推進組は、2015 年〜 2018 年に技術研究・試験、2018 年〜 2020 年に製品開発・試験に注力するという 2 段階の 5G 推進計画を実施し、主に 5G 国際標準獲得に向けた取り組みを展開した。また、2014 年の「国家ハイテク研究発展計画（863 計画）」、2015 年の「中国製造 2025」、2016 年の「『十三五』国家戦略的新興産業発展計画通知」等では、5G を重要技術と位置づけ多額の投資を行った。

　その後、2019 年にモバイル通信事業者 3 社（中国移動、中国電信、中国聯通）とケーブル・テレビ事業者 1 社（中国広電）に 5G 免許が付与され、中国移動は 2.6GHz 帯と 4.9GHz 帯、中国電信と中国聯通は 3.5GHz 帯、中国広電は 4.9GHz 帯と 700MHz 帯を割り当てられた。同年、モバイル通信事業者 3 社が 5G の提供を開始すると、その普及を促進するため、5G 政策の内容はより具体的になっていった。特に、2020 年に発表された「5G の加速的発展を推進する通知」では、ネットワーク整備に加え、ユースケース開発や一般ユーザの 5G 移行が奨励され、2021 年の「5G 応用『揚帆（出航）』行動計画(2021 〜 2023 年)」では 2023 年までに 5G 契約数を 5 億 6,000 万以上とし、5G 普及率 40％を達成するという目標が掲げられた。

　国家評議会情報局（2022）によれば、5G ネットワークは 2021 年末現在、地級行政区（第 2 級行政区）の 100％、県級行政区（第 3 級行政区）の 100％、郷級行政区（第 4 級行政区）の 87％をカバーしており、世界最大級のサービスエリアを誇る。また、モバイル通信事業者 3 社の 2021 年末時点の 5G 契約数は 5 億 6,735 万 7,000 と携帯電話契約数全体の 34.5％を占めている。

## 第2節　モバイル通信サービスに求める要素

　本節以降では、日本、韓国、中国の首都圏で実施したアンケート調査の結果を基に各国における 5G の利用状況と特徴を分析する。

　アンケート調査の回答者のうち、日本では 77.4 %、韓国では 95.7%、中国では 93.9%が 5G を含むモバイル通信サービスを利用している。これらのモバイル通信サービス利用者は、同サービスにどのような要素を求めているのだろうか。同サービスに加入する際に重視する事項について尋ねたところ、日本と韓国では「月額料金の安さ」が、中国では「通信速度の速さ」が重視されていることが明らかになった（図表 6-1）。

図表 6-1　モバイル通信サービス加入時に重視する事項（複数回答、%）

| 重視するポイント | 日本 | 韓国 | 中国 |
|---|---|---|---|
| 月額料金の安さ | 69.6 | 80.1 | 55.4 |
| 料金プランの豊富さ | 26.5 | 34.9 | 56.8 |
| 通信速度の速さ | 50.2 | 74.6 | 73.0 |
| 通信可能エリアの広さ | 43.8 | 36.7 | 61.7 |
| モバイル通信事業者のブランド | 19.9 | 18.2 | 38.9 |
| 設定サポートや代行の有無 | 11.8 | 7.0 | 0.0 |
| データ通信容量の大きさ | 29.2 | 50.3 | 42.5 |
| 定期契約期間の短さ | 13.2 | 16.5 | 26.4 |
| 取り扱い端末の豊富さ | 15.5 | 9.1 | 16.0 |
| 特に重視することはない | 10.6 | 2.3 | 1.9 |

出典：筆者作成

　この違いは、3 か国の月額料金と通信速度の違いに起因すると考えられる。各国利用者が毎月支払っている通信料金が平均月収に占める割合は日本、韓国、中国の順に高く（図表 6-2）、平均通信速度は韓国、中国、日本の順に早い（図表 6-3）。月額料金が比較的高額な日本と韓国では安価なプランに

対する需要が大きいが、既に手頃な月額料金でサービスが提供されている中国では、価格よりも通信速度や通信可能エリア等の通信品質を重視する傾向にあるといえる。

図表 6-2　モバイル通信サービスの月額料金が平均月収に占める割合（%）

| 平均月収に占める割合 | 日本 | 韓国 | 中国 |
|---|---|---|---|
| 1.0%以下 | 50.8 | 48.2 | 68.1 |
| 1.1%～2.0% | 16.7 | 38.7 | 23.9 |
| 2.1%～3.0% | 20.1 | 7.8 | 6.9 |
| 3.1%以上 | 3.8 | 1.0 | 0.6 |
| わからない | 8.7 | 4.4 | 0.5 |

（注）平均月収は OECD Data および中国国家統計局データを基に算出した。

出典：筆者作成

図表 6-3　モバイル通信サービスの平均通信速度（2022 年 3 月）

|  | 世界平均 | 日本 | 韓国 | 中国 |
|---|---|---|---|---|
| 順位 | － | 43 位 | 4 位 | 11 位 |
| 下り速度 | 29.96Mbps | 44.05Mbps | 117.95Mbps | 83.43Mbps |
| 上り速度 | 8.7Mbps | 8.27Mbps | 13.63Mbps | 23.08Mbps |
| 遅延性 | 29ms | 37ms | 27ms | 25ms |

出典：Ookla「Speedtest Global Index」より筆者作成

　もう 1 点注目すべきは、モバイル通信サービス加入時に「特に重視することはない」と回答した利用者の割合が韓国と中国では全体の 2％前後にとどまっているのに対し、日本では 10.6％に上っていることである（図表6-1）。日本では、特にこだわりをもたず、おそらくは勧められて受動的に、又はサービス内容をよく理解しないままモバイル通信サービスに加入する層が一定数存在することが窺える。

## 第 3 節　5G の認知度とイメージ

### (1) バズワードとしての 5G

　5G とは第 5 世代移動通信システムの略称であり「超高速」、「超低遅延」、「多数同時接続」を特徴とする次世代の通信規格のことであるが、2018 年頃からマスメディアで盛んにとりあげられるようになったことで、言葉の定義が曖昧なまま多用され、バズワード化したきらいがある。

　そもそも 5G 標準化作業開始当初から 5G に強い関心を持って取り組んでいたのは、日本、韓国、中国をはじめとする一部の国だけであった。しかし、IoT が企業の業務や人々の生活を大きく変える技術として注目を集めたことで、IoT の基盤ネットワークに適する 5G への世界的関心が急速に高まり、これに伴って 2018 年頃から 5G 実用化を目指す世界的潮流が作られた。誇大宣伝と期待が入り交じるなか、5G がバズワードとして扱われはじめたのもこの頃である。

　新しい概念や技術はバズワード化し「わかりやすさ」を付与されることでブームを巻き起こすが、それが実際に社会に定着するためには、一般的な理解が広まり共通認識を得る必要がある。アジアの 5G 先行国である日本、韓国、中国では、5G はバズワードの段階を越え、本格的な定着の段階に入ったのであろうか。

### (2) 5G の認知度

　アンケート調査結果によれば、5G の認知度は中国、韓国、日本の順に高い（図表 6-4）。5G についてどれくらい知っているか、「内容まで詳しく知っている」、「ある程度は知っている」、「名称を聞いたことがある」、「全く知らない」の 4 段階で回答を求めたところ、中国では全体の 84.8％が「内容まで詳しく知っている」又は「ある程度は知っている」と回答した。60 代は認知度がやや低いものの、50 代以下は 40 〜 60％台が「ある程度は知っている」、20 〜 30％台が「内容まで詳しく知っている」としており、5G に関する知識が広く伝搬している。

図表6-4　5Gの認知度（%）

| | 日本 | | | | | | 韓国 | | | | | | 中国 | | | | | |
|---|---|---|---|---|---|---|---|---|---|---|---|---|---|---|---|---|---|---|
| | 全体 | 20代 | 30代 | 40代 | 50代 | 60代 | 全体 | 20代 | 30代 | 40代 | 50代 | 60代 | 全体 | 20代 | 30代 | 40代 | 50代 | 60代 |
| 内容まで詳しく知っている | 11.9 | 10.5 | 19.1 | 14.6 | 7.5 | 6.2 | 14.7 | 28.0 | 22.2 | 9.5 | 7.9 | 6.2 | 27.2 | 30.3 | 37.5 | 22.8 | 25.3 | 5.8 |
| ある程度は知っている | 43.5 | 54.2 | 42.7 | 38.9 | 42.9 | 40.6 | 68.6 | 61.1 | 65.8 | 75.3 | 71.2 | 67.6 | 57.6 | 59.4 | 46.9 | 67.3 | 57.8 | 58.5 |
| 名称を聞いたことがある | 38.9 | 28.0 | 31.9 | 39.2 | 44.6 | 51.1 | 16.1 | 11.0 | 12.0 | 15.2 | 18.3 | 25.8 | 14.6 | 10.3 | 14.2 | 8.6 | 16.9 | 35.6 |
| 全く知らない | 5.7 | 7.3 | 6.3 | 7.3 | 5.0 | 2.1 | 0.7 | 0.0 | 0.0 | 0.0 | 2.7 | 0.5 | 0.6 | 0.0 | 1.4 | 1.3 | 0.0 | 0.0 |

注：回答者には、アンケート調査画面に提示した5Gの定義と照らし合わせて、自身の5G認知度を評価し回答してもらった。
出典：筆者作成

　韓国においても5Gの認知度は高く、全体の83.3%が「内容まで詳しく知っている」又は「ある程度は知っている」と回答したが、中国と比べると40代以上の5G認知度が低い点に特徴がある。

　一方、日本においては、「内容まで詳しく知っている」又は「ある程度は知っている」と回答した人の割合は全体の55.4%にとどまり、「名称を聞いたことがある」が38.9%、「全く知らない」が5.7%となった。「名称を聞いたことがある」の割合は中国と韓国の約3倍、「全く知らない」は同約8倍に上る。また、30代以下は40代以上よりも5Gの認知度が高い傾向にあるものの、20代の7.3%は「全く知らない」と回答しており、中国と韓国の0.0%を引き離している。日本では、年代を問わず5Gの認知度が低い。

## (3) 5Gのイメージ

　次に、5Gに対するイメージについて複数回答を求めたところ、3か国とも最も割合が高いのは「映画のダウンロード時間が早くなる」であった（図表6-5）。しかし、特筆すべきは次点の回答で、中国や韓国の回答者が「リモート会議の利便性が高まる」という具体的なイメージをあげたのに対し、日本では「わからない」が2番目に割合の高い回答となった。20代から60代のすべての年代で20%以上が「わからない」と回答していることから、日本では年代に関係なく、5Gでどのようなことが可能になるのか具体的なイ

メージが共有されていないことがわかる。

図表 6-5　5G に対するイメージ（複数回答、%）

| | 日本 | | | | | | 韓国 | | | | | | 中国 | | | | | |
|---|---|---|---|---|---|---|---|---|---|---|---|---|---|---|---|---|---|---|
| | 全体 | 20代 | 30代 | 40代 | 50代 | 60代 | 全体 | 20代 | 30代 | 40代 | 50代 | 60代 | 全体 | 20代 | 30代 | 40代 | 50代 | 60代 |
| 映画のダウンロード時間が早くなる | 44.4 | 43.9 | 51.0 | 47.1 | 41.7 | 37.2 | 85.6 | 85.9 | 83.0 | 86.3 | 83.7 | 90.2 | 81.9 | 78.3 | 76.2 | 84.2 | 90.9 | 85.8 |
| イベント参加者がその場でマルチアングル映像を楽しめる | 15.5 | 21.3 | 7.9 | 16.9 | 14.1 | 18.1 | 24.7 | 29.5 | 27.3 | 19.6 | 22.6 | 25.6 | 37.1 | 20.3 | 38.3 | 45.2 | 44.7 | 50.6 |
| eスポーツが盛んになる | 8.1 | 10.3 | 11.3 | 9.2 | 4.5 | 5.3 | 15.1 | 19.4 | 17.6 | 13.4 | 14.1 | 11.0 | 20.2 | 33.5 | 34.9 | 10.4 | 1.7 | 0.0 |
| 車の自動運転が進化する | 16.3 | 9.1 | 13.5 | 13.6 | 15.5 | 30.8 | 31.0 | 18.6 | 34.0 | 26.6 | 48.2 | 24.3 | 24.3 | 39.1 | 31.3 | 24.3 | 3.7 | 2.3 |
| 工場、倉庫、工事現場などでの遠隔操作が容易になる | 14.3 | 15.8 | 18.2 | 12.4 | 12.1 | 13.8 | 17.4 | 23.6 | 18.3 | 11.1 | 17.2 | 18.7 | 35.0 | 27.4 | 33.4 | 38.2 | 38.9 | 46.8 |
| スマホの画面がより大型化する | 8.9 | 11.2 | 11.2 | 4.5 | 6.7 | 12.8 | 20.1 | 19.8 | 29.0 | 19.3 | 12.2 | 22.1 | 17.2 | 15.7 | 18.9 | 21.0 | 12.8 | 16.7 |
| リモート会議の利便性が高まる | 19.9 | 24.6 | 23.3 | 18.9 | 17.5 | 16.0 | 50.5 | 50.3 | 51.6 | 53.9 | 43.1 | 55.5 | 38.9 | 35.8 | 35.5 | 38.1 | 47.1 | 43.0 |
| 遠隔医療の普及率が高まる | 19.1 | 13.5 | 12.5 | 18.0 | 21.9 | 29.8 | 13.5 | 8.6 | 7.5 | 15.6 | 15.8 | 20.4 | 22.5 | 22.7 | 15.9 | 23.7 | 32.2 | 19.6 |
| 遠隔教育の普及率が高まる | 13.7 | 13.4 | 11.2 | 19.1 | 14.2 | 8.5 | 26.4 | 17.6 | 18.9 | 39.2 | 31.7 | 19.9 | 18.1 | 23.4 | 15.6 | 11.5 | 20.3 | 19.8 |
| その他 | 1.7 | 0.0 | 0.0 | 1.2 | 6.7 | 0.0 | 5.6 | 14.9 | 1.8 | 5.1 | 2.4 | 4.3 | 0.2 | 0.8 | 0.0 | 0.0 | 0.0 | 0.0 |
| わからない | 26.9 | 25.8 | 23.1 | 24.7 | 28.5 | 33.0 | 10.0 | 11.9 | 11.2 | 9.9 | 8.7 | 8.0 | 1.5 | 1.0 | 0.0 | 1.1 | 2.7 | 5.1 |

出典：筆者作成

## 第 4 節　5G の利用動向

### （1）5G の利用率

　5G の提供は、韓国では 2019 年 4 月、中国では同 11 月、日本では 2020 年 3 月に開始した。アンケート調査は、韓国では 5G 提供開始から 1 年 11 か月後、中国では 1 年 9 か月後、日本では 1 年 6 か月後に実施したため、経過時間が同一でないことに留意されたいが、調査実施時点での 5G 利用率は韓国が 32.7％、中国が 47.5％、日本が 14.0％であった（図表 6-6）。中国では韓国や日本よりも速いスピードで 5G が普及しており、首都圏のインターネット利用者の半数近くが 5G を利用している。

図表 6-6　5G の利用有無（%）

| | 日本 | | | | | | 韓国 | | | | | | 中国 | | | | | |
|---|---|---|---|---|---|---|---|---|---|---|---|---|---|---|---|---|---|---|
| | 全体 | 20代 | 30代 | 40代 | 50代 | 60代 | 全体 | 20代 | 30代 | 40代 | 50代 | 60代 | 全体 | 20代 | 30代 | 40代 | 50代 | 60代 |
| 利用している | 14.0 | 22.9 | 21.9 | 9.4 | 9.4 | 7.3 | 32.7 | 35.4 | 47.1 | 25.8 | 24.9 | 32.3 | 47.5 | 54.4 | 57.4 | 39.9 | 38.7 | 34.7 |
| 利用していない | 86.1 | 77.0 | 78.0 | 90.7 | 90.7 | 92.7 | 67.2 | 64.5 | 52.9 | 74.2 | 75.1 | 67.8 | 52.5 | 45.6 | 42.6 | 60.1 | 61.3 | 65.3 |

出典：筆者作成

### （2）5G 利用者の満足度

　5G 利用者の 5G に対する満足度には各国でばらつきがみられた（図表 6-7）。最も満足度が高いのは中国で、全体の 85.6％が「非常に満足」又は「やや満足」と回答し、「やや不満足」と「非常に不満足」の合計はわずか 1.7％であった。年代別にみてみると、すべての年代が総じて高い満足度を得ているが、50 代以上の満足度はひときわ高い。

図表6-7　5G利用者の5Gに対する満足度（%）

| | 日本 | | | | | | 韓国 | | | | | | 中国 | | | | | |
|---|---|---|---|---|---|---|---|---|---|---|---|---|---|---|---|---|---|---|
| | 全体 | 20代 | 30代 | 40代 | 50代 | 60代 | 全体 | 20代 | 30代 | 40代 | 50代 | 60代 | 全体 | 20代 | 30代 | 40代 | 50代 | 60代 |
| 非常に満足 | 22.2 | 9.2 | 33.6 | 44.6 | 11.5 | 0.0 | 7.0 | 5.9 | 9.0 | 1.8 | 16.7 | 0.0 | 47.8 | 46.6 | 45.7 | 39.6 | 56.7 | 64.8 |
| やや満足 | 26.0 | 36.5 | 33.3 | 10.8 | 22.3 | 0.0 | 34.5 | 33.0 | 26.8 | 44.6 | 18.5 | 57.6 | 37.8 | 38.3 | 31.9 | 51.1 | 33.6 | 35.2 |
| どちらでもない | 40.1 | 40.6 | 33.0 | 33.8 | 33.1 | 85.7 | 31.5 | 23.5 | 27.0 | 30.1 | 56.9 | 24.1 | 12.8 | 15.1 | 20.5 | 3.3 | 9.7 | 0.0 |
| やや不満足 | 8.6 | 13.7 | 0.0 | 0.0 | 33.1 | 0.0 | 16.3 | 30.2 | 17.9 | 16.0 | 2.0 | 10.5 | 1.1 | 0.0 | 1.9 | 2.7 | 0.0 | 0.0 |
| 非常に不満足 | 3.1 | 0.0 | 0.0 | 10.8 | 0.0 | 14.3 | 10.7 | 7.4 | 19.2 | 7.5 | 5.9 | 7.7 | 0.6 | 0.0 | 0.0 | 3.3 | 0.0 | 0.0 |

出典：筆者作成

　対して、最も満足度が低いのは韓国である。「非常に満足」又は「やや満足」の割合は41.5%と中国の約半分にとどまり、「やや不満足」と「非常に不満足」の割合は27.0%に上った。若い年代ほど満足度は低い。

　日本では、5Gに対する評価が判然としない。「非常に満足」又は「やや満足」は46.2%、「どちらでもない」は40.1%、「やや不満足」又は「非常に不満足」は11.7%と、中国や韓国と比べて「どちらでもない」の割合が高い。年代別では、30代および40代の満足度が比較的高いものの、それ以外の年代では「どちらでもない」の回答割合が最も高い。特に60代では85.7%が「どちらでもない」と回答した。

## （3）5G非利用者の特徴

　5G非利用者の特徴についてみてみたい。5Gを利用していない理由について「現状に満足しているため」、「利用に不安があるため」、「その他」の3つの回答選択肢を提示した結果、3か国とも「現状に満足しているため」が最多割合となった（図表6-8）。ただし、中国では「現状に満足しているため」の割合が95.2%に上ったのに対し、韓国と日本では「現状に満足しているため」が60%台、「利用に不安があるため」が20%台となった。特に日本は「利用に不安があるため」が29.5%と、3か国で最も5Gに対する不安が強い。

図表6-8　5G非利用者が5Gを利用していない理由（%）

| | 日本 | | | | | | 韓国 | | | | | | 中国 | | | | | |
|---|---|---|---|---|---|---|---|---|---|---|---|---|---|---|---|---|---|---|
| | 全体 | 20代 | 30代 | 40代 | 50代 | 60代 | 全体 | 20代 | 30代 | 40代 | 50代 | 60代 | 全体 | 20代 | 30代 | 40代 | 50代 | 60代 |
| 現状に満足しているため | 62.1 | 49.8 | 34.0 | 63.2 | 66.7 | 75.0 | 67.6 | 64.2 | 58.8 | 77.5 | 60.0 | 72.0 | 95.2 | 100.0 | 100.0 | 100.0 | 88.3 | 100.0 |
| 利用に不安があるため | 29.5 | 50.2 | 49.5 | 27.5 | 24.7 | 15.0 | 23.4 | 18.9 | 41.2 | 12.3 | 40.0 | 15.8 | 4.8 | 0.0 | 0.0 | 0.0 | 11.7 | 0.0 |
| その他 | 8.4 | 0.0 | 16.5 | 9.3 | 8.6 | 10.0 | 9.0 | 17.0 | 0.0 | 10.2 | 0.0 | 12.2 | 0.0 | 0.0 | 0.0 | 0.0 | 0.0 | 0.0 |

出典：筆者作成

　「利用に不安があるため」と答えた回答者に対し具体的な不安点について自由回答を求めたところ、韓国と日本でその内容が異なることも明らかになった。韓国では5Gの通信速度や通信可能エリアが月額料金に見合うかという具体的な不安が大部分を占めるのに対し、日本では「5Gに関する知識がない」という回答が最も多く、正体のよくわからない5Gに手を出すべきなのかという漠然とした不安が広がっている。これは、日本における5G認知度の低さや具体的イメージの未確立といった、第3節で確認された調査結果とも傾向が一致する。

　以上のような5Gに対する不安感の違いは、5G非利用者の今後の5G利用意思にも影響を及ぼしている（図表6-9）。不安の少ない中国や不安点が明確な韓国では年代問わず「利用したい」の割合が最も高いのに対し、5Gに対する知識が少なく漠然とした不安が残る日本では「わからない」が48.9％で最多割合を占めた。ただし、日本の結果を年代別にみると、30代以下は「利用したい」、40代以上は「わからない」の割合が高く、若年層の方が5Gの利用に幾分か前向きのようである。

図表 6-9　5G 非利用者の 5G 利用意思（%）

|  | 日本 | | | | | | 韓国 | | | | | | 中国 | | | | | |
|---|---|---|---|---|---|---|---|---|---|---|---|---|---|---|---|---|---|---|
|  | 全体 | 20代 | 30代 | 40代 | 50代 | 60代 | 全体 | 20代 | 30代 | 40代 | 50代 | 60代 | 全体 | 20代 | 30代 | 40代 | 50代 | 60代 |
| 利用したい | 38.7 | 44.0 | 59.7 | 37.7 | 29.4 | 21.9 | 56.1 | 54.4 | 51.8 | 55.4 | 64.6 | 52.6 | 83.6 | 92.1 | 86.0 | 93.0 | 66.6 | 64.0 |
| 利用したくない | 12.4 | 12.5 | 6.1 | 11.5 | 12.5 | 20.8 | 17.3 | 23.0 | 18.1 | 21.9 | 7.7 | 16.2 | 12.1 | 4.7 | 10.2 | 4.3 | 29.1 | 23.8 |
| わからない | 48.9 | 43.6 | 34.2 | 50.8 | 58.1 | 57.3 | 26.6 | 22.7 | 30.1 | 22.8 | 27.7 | 31.2 | 4.3 | 3.2 | 3.8 | 2.7 | 4.3 | 12.2 |

出典：筆者作成

　では、5G 利用意思のある 5G 非利用者は、5G を利用するためにいくらまでなら支払ってもよいと考えているのだろうか。まず、5G を利用するために、現在のモバイル通信サービスの月額料金よりもいくら多く支払う意思があるかを問うた（図表 6-10）。3 か国とも「2,000 円未満」の回答割合が最多となった。ただし、中国では全体の 70.1％が「2,000 円未満」と回答し、「2,000 ～ 4,000 円未満」が 13.6％で次点につくのに対し、日本と韓国では「2,000 円未満」の割合は 30 ～ 40％台にとどまり、次点の「追加料金が発生する場合は利用しない」の割合が 20％台に上った。追加料金を最小限に収めたいと考える消費者の傾向は各国に共通するが、中国は日本や韓国と比べると 5G 移行に伴う追加料金に肯定的であることがわかる。

図表 6-10　5G 利用意思のある 5G 非利用者：5G を利用するために現在のモバイル通信サービスの月額料金よりもいくら多く支払うか（%）

|  | 日本 | | | | | | 韓国 | | | | | | 中国 | | | | | |
|---|---|---|---|---|---|---|---|---|---|---|---|---|---|---|---|---|---|---|
|  | 全体 | 20代 | 30代 | 40代 | 50代 | 60代 | 全体 | 20代 | 30代 | 40代 | 50代 | 60代 | 全体 | 20代 | 30代 | 40代 | 50代 | 60代 |
| 追加料金が発生する場合は利用しない | 23.5 | 21.5 | 19.1 | 30.6 | 17.8 | 33.3 | 20.2 | 17.4 | 28.6 | 22.2 | 11.1 | 15.0 | 8.2 | 2.2 | 5.9 | 9.3 | 7.7 | 21.7 |
| 2,000 円未満 | 41.2 | 30.9 | 43.8 | 44.2 | 49.4 | 33.3 | 36.0 | 47.8 | 22.9 | 33.3 | 33.3 | 50.0 | 70.1 | 82.2 | 64.7 | 67.4 | 71.8 | 56.5 |
| 2,000 ～ 4,000 円未満 | 14.9 | 23.8 | 12.4 | 13.9 | 7.3 | 19.0 | 19.3 | 21.7 | 22.9 | 5.6 | 27.8 | 15.0 | 13.6 | 11.1 | 17.6 | 14.0 | 15.4 | 8.7 |
| 4,000 ～ 6,000 円未満 | 10.8 | 14.4 | 12.5 | 5.5 | 14.7 | 4.8 | 14.9 | 4.3 | 8.6 | 33.3 | 22.2 | 15.0 | 4.3 | 2.2 | 11.8 | 7.0 | 0.0 | 0.0 |
| 6,000 円以上 | 6.5 | 4.7 | 5.3 | 5.7 | 10.7 | 9.5 | 7.9 | 8.7 | 14.3 | 5.6 | 0.0 | 0.0 | 2.2 | 0.0 | 0.0 | 2.3 | 2.6 | 8.7 |
| わからない | 3.0 | 4.7 | 6.9 | 0.0 | 0.0 | 0.0 | 1.8 | 0.0 | 2.8 | 0.0 | 5.6 | 0.0 | 1.6 | 2.2 | 0.0 | 0.0 | 2.6 | 4.3 |

出典：筆者作成

　この背景には、第2節で確認されたような、各国のモバイル通信サービスの月額料金の違いがあると推察される。モバイル通信サービスが安価に提供されている中国では、追加料金が発生しても家計への影響がそれほど大きくならずに済むため、追加料金の発生に比較的寛容な姿勢がみられたのではないか。

　次に、5Gスマホに対する支払意思額である（図表6-11）。5Gを利用するためには5Gに対応したスマホを購入する必要があるが、より高い支払意思額を示したのは中国の消費者であった。全体の36.0％が「5万〜10万円」、24.3％が「10万〜15万円」をスマホの購入に充てても良いとし、「新たに5Gスマホを購入する必要があるのであれば5Gを利用しない」はわずか0.4％にとどまった。これに対し、韓国と日本は「5万〜10万円」の割合が最も高く、「5万円未満」が次点につくほか、「新たに5Gスマホを購入する必要があるのであれば5Gを利用しない」も10％前後を占めた。ただし、日本においては「わからない」の割合が7.5％と、韓国と中国を大きく引き離している。

図表6-11　5G利用意思のある5G非利用者：5Gを利用するために5Gスマホにいくら支払うか（％）

| | 日本 | | | | | | 韓国 | | | | | | 中国 | | | | | |
|---|---|---|---|---|---|---|---|---|---|---|---|---|---|---|---|---|---|---|
| | 全体 | 20代 | 30代 | 40代 | 50代 | 60代 | 全体 | 20代 | 30代 | 40代 | 50代 | 60代 | 全体 | 20代 | 30代 | 40代 | 50代 | 60代 |
| 新たに購入する必要がある場合は利用しない | 9.1 | 11.8 | 10.5 | 5.5 | 11.0 | 4.8 | 10.5 | 6.9 | 11.1 | 14.7 | 8.2 | 12.2 | 0.4 | 1.4 | 0.0 | 0.0 | 0.0 | 0.0 |
| 5万円未満 | 23.5 | 11.8 | 22.9 | 35.7 | 17.8 | 28.6 | 28.2 | 11.3 | 22.0 | 41.8 | 26.8 | 39.5 | 23.9 | 24.3 | 20.3 | 19.3 | 34.5 | 29.2 |
| 5万〜10万円未満 | 36.1 | 38.2 | 38.7 | 30.6 | 35.5 | 38.1 | 44.4 | 52.5 | 40.8 | 33.0 | 57.8 | 32.5 | 36.0 | 35.6 | 31.3 | 38.3 | 36.7 | 44.1 |
| 10万〜15万円未満 | 19.3 | 26.3 | 17.7 | 14.2 | 21.8 | 19.1 | 13.2 | 17.2 | 24.3 | 10.5 | 7.1 | 8.4 | 24.3 | 23.1 | 28.6 | 27.6 | 22.2 | 8.0 |
| 15万〜20万円未満 | 3.5 | 2.4 | 1.7 | 5.7 | 7.1 | 0.0 | 0.2 | 0.8 | 0.0 | 0.0 | 0.0 | 0.0 | 10.9 | 10.4 | 13.0 | 12.1 | 6.5 | 10.0 |
| 20万円以上 | 1.0 | 2.4 | 1.7 | 0.0 | 0.0 | 0.0 | 0.2 | 0.0 | 0.0 | 0.0 | 0.0 | 0.0 | 3.6 | 4.0 | 6.8 | 1.2 | 0.0 | 4.4 |
| わからない | 7.5 | 7.1 | 6.9 | 8.2 | 6.6 | 9.5 | 3.3 | 11.3 | 0.9 | 0.0 | 0.0 | 7.4 | 1.0 | 1.1 | 0.0 | 1.5 | 0.0 | 4.3 |

出典：筆者作成

## 第5節　5G 利用にみる日中韓の特徴

### (1) アンケート調査結果のまとめ

　アンケート調査の結果から明らかになった、日本の5G 利用の特徴は次のように整理される。第1に、5G の普及速度が緩やかである。3か国の調査実施時期が異なるため横並びに比較することはできないが、日本の5G 利用率は5G 提供開始後1年6か月時点で14.0％であったのに対し、韓国では1年11か月時点で32.7％（科学技術情報通信部（2021）によれば全国5G 利用率は1年7か月時点で20％を超えた）、中国では1年9か月時点で47.5％であった。5G ネットワークの整備が比較的進んでいる首都圏であっても、日本においては5G があまり利用されていない。

　第2の特徴としては、アンケート調査の回答における「わからない」率の高さがあげられる。例えば、5G のイメージに関する設問では「わからない」の回答割合が韓国や中国よりも高く、5G でどのようなことが可能になるのか具体的なイメージが共有されていないことが明らかになった。同様の傾向は、5G 利用者の5G 満足度に関する設問、5G 非利用者の5G 利用意思に関する設問や5G 利用に対する支払意思額に関する設問でも確認された。

　一方、韓国と中国の消費者は、5G ついてより具体的なイメージや評価を持っている。韓国では、5G に対する満足度が低く、通信速度や通信可能エリアが月額料金に見合うかという5G のコストパフォーマンスに厳しい目が向けられている。対する中国は、5G に対する満足度が高く、総じて5G の利用に前向きであることが特徴となっている。5G 利用に際して発生する追加コストについても、中国が最も高い支払意思額を示した。

### (2) 日本で拡大する「わからない」の連鎖

　アンケート調査ではレスポンス・スタイル（response style）と呼ばれる反応バイアスが発生する場合がある。これは、社会・文化的な影響から、設問内容に関係なく特定の回答選択肢を選択してしまう回答行動のことで、国際比較調査においては、どのような設問にも盲目的に同意する黙従反応バイ

アス（acquiescence response style）、極端な選択肢を選ぶ極端反応バイアス（extreme response style）、曖昧又は中間の評価を選択する中間反応バイアス（mid-point response style）の 3 つが特に問題視される（田崎・申, 2017）。

　日本人が曖昧・中間回答を好むことは経験的に広く知られており、本アンケート調査における日本人の「わからない」率の高さも中間反応バイアスに起因するのではないかとの指摘もあるかもしれない。それを明確に否定することは困難だが、田崎・申（2017）では 1970 年代以降のレスポンス・スタイル研究を整理するなかで、極端な回答を避け、曖昧・中間回答をするのはアジア諸国とりわけ東アジア諸国（日本・韓国・中国）に共通する回答行動であることを指摘している。このことに鑑みると、中間反応バイアスが発生しやすい傾向にあるという同条件においても、なお、日本でのみ「わからない」率が突出して高いのは、反応バイアス以外の理由が存在しているためだと思われる。

　では、日本の回答者はなぜ 5G に関する様々な設問で「わからない」と答えるのだろうか。そこには、「わからなさ」が新たな「わからなさ」を引き起こすという、「わからない」の連鎖が存在していると考えられる。すなわち、日本の回答者の多くは 5G に関する知識が十分にないため、5G に期待できることを把握できておらず、それゆえ 5G サービスに対する評価基準も持ち合わせていない。5G 利用者はサービスに満足なのか不満足なのかが判然としないし、5G 非利用者も今後 5G を利用したいか否かを決めることができない。そのような状況では、当然ながら、5G 移行に際して発生する追加コストの妥当性について判断することも容易ではないだろう。

　5G の普及促進には、ネットワークの全国整備やサービス品質の向上が不可欠であり、これらについては政府やモバイル通信事業者等が既に注力しているところである。しかし、「わからない」率の高い日本と低い韓国・中国とで 5G 普及速度に違いが生じている現状からは、上述したような「わからない」の連鎖を断ち切ることも至要であることが読み取れる。

## (3)「わからない」の背景

　日本において5Gを巡る「わからない」の連鎖が生じた背景には、主に次の2つの要因あると考えられる。

　第1に、一般ユーザ向けの5G利活用促進策の不在があげられる。日本の5G政策はネットワーク整備支援策と利活用促進策を2本柱としているが、その利活用促進策は、地域や個別のニーズに応じて企業や自治体等が自営5Gネットワークを運用するローカル5Gに焦点を当てたものであり、いわば法人向けの5G利活用促進策である。そのため、一般ユーザ向けの5G利活用促進は、基本的にはモバイル通信事業者によるPRキャンペーン等に任されている。

　一方、韓国や中国では、インフラ整備支援策や法人向けの5G利活用促進策のほかに、一般ユーザ向けの利活用促進策も講じられた。第1節で触れたように、韓国政府はモバイル通信事業者3社の調整役を担うことで「世界初」という5Gの華々しいデビューを実現し、中国政府は2020年発表の「5Gの加速的発展を推進する通知」において一般ユーザの5G移行を奨励した。このような政府の後ろ盾を受け、両国のモバイル通信事業者は、5G体験スポットの開設や5G移行者優遇プランをはじめとする様々な訴求キャンペーンを大々的に展開した。韓国と中国では、官民が手を取り合う形で5Gブームが形成されたといえる。

　政府がどこまで、そしてどのように市場に介入すべきかについては議論が分かれるところであるが、政府が主導し、官民が連携して一般ユーザ向けに5Gの利活用をPRした韓国と中国と比べ、日本のユーザは5G関連情報を入手するチャンネルが少なく、5Gを「わかる」機会に恵まれなかったと考えられる。

　第2の要因としては、ローエンドの5Gスマホが普及していないことがある。日本では、携帯電話やスマホの端末代金の値引きを制限する制度が5G提供開始時期に導入された。このため、5Gスマホは比較的高価なものとなり、5Gは気軽に体験できるサービスではなくなった。自ら体験できないサービスを「わかる」ことは難しい。

　そもそも日本のモバイル通信事業者は最近まで、販売店に高額の端末販売

奨励金を提供し、通信契約と SIM ロック端末をセット販売させることで、「実質 0 円」や「実質 1 円」と謳って端末代金を大幅に値引きしていた。これは、販売店が端末販売奨励金を端末代金に反映して値引きを行い、その値引き分は契約後に入ってくる毎月の通信料金から回収するというビジネスモデルによって成り立つものである。このビジネスモデルは、iPhone に代表されるハイエンド・スマホの普及に貢献した一方、通信料金の高止まりや行きすぎた顧客の囲い込み、端末購入補助を受けない利用者との公正性といった新たな課題も生んだ。

そこで政府はこれらの課題に対処する施策の一環として、2019 年 10 月に「改正電気通信事業法」を施行、通信契約と端末をセット販売する際に端末販売奨励金の上限を 2 万円（税別）とすることを規律した。また、2020 年 10 月に発表された「モバイル市場の公正な競争環境の整備に向けたアクション・プラン」では、2021 年 10 月 1 日以降に発売される端末は SIM ロックを原則禁止とすることを決めた。端末代金の値引き分を毎月の通信料金から回収する上述のビジネスモデルでは、利用者を囲い込む SIM ロックが前提条件となっていたが、これが禁止されたことでビジネスモデルは破綻し、端末代金の値引きは更に規制されることとなった。

無論、日本においてローエンドの 5G スマホが存在しないわけではない。しかし、これまで端末代金の値引きを利用してハイエンド・スマホを購入することが一般的であった日本では、ハイエンド機種、特に iPhone が依然人気を誇っており、ローエンド・スマホの普及は他国ほど進んでいないのが現状である。

一方、韓国では、「端末流通構造法」が端末販売奨励金制度について規定しているものの、2017 年より金額の上限が廃止され、モバイル通信事業者が自社ウェブサイトで公示した金額を奨励金として販売店に支払うことが認められている。そのため 5G 提供開始後は奨励金が積み増され、5G スマホは大幅な値引き価格で販売された。なかには公示水準を超える不法奨励金を支給する事業者も登場し、販売店店頭では「実質 0 円」の 5G スマホも散見されたという。また、中国には、華為技術や小米といったミッドエンド、ローエンド機種を得意とするメーカーが存在する。5G 提供開始時には小米が 3

万円台の端末を販売したが、その後さらに競争が激化したことで、現在では1万円台の超ローエンド5Gスマホが市場で出回っている。

このように5Gスマホを割引価格で購入できる韓国や、値引きをしなくても十分に安価な5Gスマホが販売されている中国では、日本と比べて、5Gを体験するためのハードルが低い。仮に5Gに対する知識が少なくても、5G移行のハードルが低ければ、実際に5Gを利用・体験するなかで理解を深めていくことができるが、残念ながら、現在の日本ではそのような環境が十分に整っていない。

5Gは、新しいサービスやソリューションを生む土壌となり、未来社会の重要なインフラ基盤となることが期待されている。一般ユーザによる5G利用に遅れがみられる日本で5Gの普及を加速するためには、引き続きネットワークの全国整備を進めることも肝要だが、「わからない」の連鎖を断ち切ることにも目を向けなければならない。5G関連情報をより容易に入手できる環境を作り、5G移行のハードルを下げる等、5Gを「わかる」機会をできるだけ増やすことが求められる。特に後者については、高機能なローエンド5Gスマホが続々と中国から上陸し、2022年3月には廉価版iPhoneが発表され、日本のメーカーもローエンド・スマホの開発に注力する等、安価な5Gスマホを巡る消費者の選択肢が広がりつつある。ローエンド・スマホを中心に市場競争が活性化することで、5Gが人々にとって今まで以上に身近な存在となり、理解・関心が深まることを期待したい。

〈参考文献〉
科学技術情報通信部（2021）「（2020年12月時点）無線通信サービス加入状況」。
　　https://www.msit.go.kr/bbs/view.do?sCode=user&nttSeqNo=3173370&pageI
　　ndex=&searchTxt=&searchOpt=ALL&bbsSeqNo=79&mId=99&mPid=74
　　（2022年5月11日閲覧）
科学技術情報通信部（2022）「（2021年12月時点）無線通信サービス加入状況」。
　　https://www.msit.go.kr/bbs/view.do?sCode=user&bbsSeqNo=79&nttSeq
　　No=3173448（2022年5月11日閲覧）
国家評議会情報局（2022）「国家評議会情報局、産業の円滑運営・情報化促進・品質向上に関する記者会見を開催」。
　　http://www.gov.cn/xinwen/2022-03/01/content_5676535.htm（2022年5月

11 日閲覧）

総務省（2022a）「デジタル田園都市国家インフラ整備計画」。

https://www.soumu.go.jp/menu_news/s-news/01kiban01_02000042.html
（2022 年 5 月 11 日閲覧）

総務省（2022b）「電気通信サービスの契約数及びシェアに関する四半期データ
（令和 3 年度第 3 四半期（12 月末））」。

https://www.soumu.go.jp/menu_news/s-news/01kiban04_02000205.html
（2022 年 5 月 11 日閲覧）

GSMA（2022）The Mobile Economy 2022.

https://www.gsma.com/mobileeconomy/wp-content/uploads/2022/02/
280222-The-Mobile-Economy-2022.pdf（2022 年 5 月 11 日閲覧）

田﨑勝也・申　知元（2017）「日本人の回答バイアス―レスポンス・スタイルの種
別間・文化間比較―」『心理学研究』88（1），pp.32-42。

（米谷南海）

# 第7章 スマートシティ構想と5G

**はじめに**

本章では、スマートシティの国内外の定義を確認し、その構想の登場と進化の経緯を探りながら、日本ではさらなる発展形としてスーパーシティ構想が展開されていることを説明する。政府・自治体はスマートシティ振興策を広範に推進しているが、その柱はデータ連携であり、5GやIoTが連携高度化の手段として期待されていることを明らかにする。そして、トロント市(カナダ）やウーブンシティ（トヨタ）など、国内外のスマートシティ事例を紹介し、成功、失敗を分けるカギは個人情報保護など、利用者本位のデータ利活用の尊重であることを、有識者の分析を参照しながら解明する。

## 第1節 スマートシティの定義

日本では、2019年6月に閣議決定された「統合イノベーション戦略2019」などにおいて、スマートシティの事業推進にあたり官民の連携プラットフォーム構築を行うことが明記された。それを受けて、内閣府、総務省、経済産業省（以下、経産省)、国土交通省（以下、国交省）は、企業、大学・研究機関、地方公共団体、関係府省などを会員とする「スマートシティ官民連携プラットフォーム」を設立した。同フォーラムを構成する中央省庁として、他に文部科学省、厚生労働省、農林水産省などがあげられている。多くの省庁の関与から推察されるように、スマートシティは都市の多面的な機能を全方位的に高度化する取り組みであり、「スマートシティ大全」のようなものを執筆しようとすると何百ページも必要となるだろう。そこで、本章で

はスマートシティの国内外の定義を確認したうえで、論点の絞り込みと明確化を行うこととしたい。

## (1) 国際的な定義

　まず、スマートシティの国際的な定義であるが、国連組織の国際電気通信連合（ITU）は、スマートシティに持続可能性の概念を加えた「Smart sustainable city」という用語について、2016年の勧告（ITU, 2016）で、以下のように定義している。

　「情報通信技術（ICT）やその他の手段を利用して、生活の質、都市の運営とサービスの効率、競争力を改善すると同時に、経済的、社会的、環境的、そして文化的側面について、現在および将来の世代のニーズを満たすことを保証する革新的な都市である」

　ここでsustainableという言葉から明らかなように、この勧告は単に都市機能を高度化するのではなく、環境に配慮しつつ、将来の世代にも引き継がれる持続性を強調している。前年（2015年）に国連サミットで採択されたSDGs（持続可能な開発目標）の発想が色濃く反映されているのである。都市高度化を環境問題の視点から論じる動きは、2010年代の初頭から存在する。例えば、経済協力開発機構（OECD）は2012年に「OECD Green Growth Studies, Compact City Policies: A Comparative Assessment」というレポートを発表しているが、そこではタイトルの通り、コンパクトシティが環境と共生する成長において担う役割が書かれている。コンパクトシティとは、主に都市の物理的な機能の集約を意味するが、2010年代に入り、技術進化の著しいICTを活用して、それを高度化するスマートシティ構想への関心が高まってきた。OECDが都市の物理面（コンパクトシティ）、ITUがデジタル面（スマートシティ）を論じるに当たり、ともに持続性を重視しているのは興味深い。

　もう1つの国際的な定義として、欧州委員会（EC）のスマートシティ特集サイト（EC, 2022）における説明に注目したい。ECは自ら設定した「What

are smart cities?」という質問に対して、「スマートシティは、より良い資
源の使用とより少ない排出量を実現するためにデジタルテクノロジーを利用
することを超えて、よりスマートな都市交通ネットワーク、アップグレード
された給水および廃棄物処理施設、そして、照明と建物の暖房のいっそうの
効率化を意味している。それはまた、よりインタラクティブで応答性の高い
都市行政、より安全な公共スペース、そして高齢化する人口のニーズを満た
すことを意味する（EC, 2022）」と答えている。この EC の説明は具体的な
対象サービスを列記しており、スマートシティが実現すべきサービスのイ
メージがより湧いてくる。

## (2) 日本の定義

　日本では、国の政策を担う中央省庁の取り組みを内閣府が統合的に調整す
る動きが強まっているが、スマートシティ関連の施策も例外ではない。そこ
で、まず内閣府の「スマートシティガイドブック（第 1 版）」（2021 年 4 月
発表）の定義を確認すると、「スマートシティ」は下記のように説明されて
いる（①〜④は一文としてつながっている）。

①「市民（利用者）中心主義、ビジョン・課題フォーカス、分野間・都市
　間連携の重視」という 3 つの基本理念、「公正性・包摂性の確保、プラ
　イバシーの確保、相互運用性・オープン性・透明性の確保、セキュリ
　ティ・レジリエンシーの確保、運営面、資金面での持続可能性の確保」
　という 5 つの基本原則に基づき［コンセプト］
② ICT 等の新技術や官民各種のデータを活用した市民一人一 人に寄り
　添ったサービスの提供や、各種分野におけるマネジメント（計画、整備、
　管理・運営等）の高度化等により［手段］
③都市や地域が抱える諸課題の解決を行い、また新たな価値を創出し続け
　る［動作］
④持続可能な都市や地域であり、Society 5.0 の先行的な実現の場［状態］

　②で ICT の役割が強調されているが、前述の ITU や EC の定義をみても、

ICTやデジタル技術を抜きにしてスマートシティが実現できないことは明らかである。また、④では、スマートシティが2016年の「科学技術基本計画（第5期）」で制定されたSociety 5.0構想（後述）をリードする施策として位置づけられている。

同基本計画では、「持続可能な都市及び地域のための社会基盤の実現」という項において、「ICT等を駆使することによって、あらゆる世代の国民が、住み慣れた地域で快適かつ活動的に日々の生活を過ごせる社会の実現に資する基盤構築に取り組む。具体的には、ICT等を駆使して、コンパクトで機能的なまちづくり、交通事故や交通渋滞のない安全かつ効率的で誰もが利用しやすい高度道路交通システムの構築を推進する」という記述が存在する。まだ、この時点ではスマートシティという用語は使われていないが、持続可能な都市がICTで実現されるという考えは、国際的なスマートシティの定義と共通点している。

## 第2節　都市高度化とICTの歴史的関係

スマートシティは都市の森羅万象を扱うため、その歴史を紐解く作業においても焦点を絞り込む必要がある。そこで、本節では情報通信白書の記述の分析という形で歴史を追ってみたい。同白書を2010年まで遡って分析すると、スマートシティという用語は2012年版に初めて登場する。その最初の記述は「先進国及び新興国・開発途上国では、スマートシティ/スマートコミュニティをキーワードに、ICTを組み込んだ社会インフラ（電力、ガス、水道、鉄道等）の整備が進められており、世界各国が官民一体となってICTを組み込んだパッケージでの社会インフラ輸出に取り組んでいる」というものであった。この記述の通り、当時からスマートシティは世界的に広く知られる概念であった。例えば、欧州連合（EU）では、2005年に開始された資源エネルギー配分の最適化を目指す「コンチェルトイニシアチブ」の延長として、欧州各地で実施されているスマートシティプロジェクトの情報を収集、交換することを可能にするデータベースとして「スマートシティ情報システ

ム（SCIS）」を設置した。2012 年には「欧州スマートシティ・コミュニティ
技術革新パートナーシップ（EIP-SCC）」も設置され、2020 年には両者が
統合されて「Smart Cities Marketplace」に発展している。

　その後、情報通信白書でスマートシティの用語が増えはじめるのは 2015
～ 16 年頃からだが、その契機は同時期に ITU などにおいて、2020 年の商
用化に向けた 5G の国際標準化が本格化したことである。また、前述の通り
2016 年に Society5.0 構想が打ち出され、それ以降、スマートシティを 5G
により高度化するという期待が高揚した。そして、令和 2 年版の情報通信
白書（総務省, 2020）ではスマートシティという用語が 68 回も登場する。
同年の特集テーマ「5G が促すデジタル変革と新たな日常の構築」から推察
されるように、前年に米韓を皮切りに相次いでサービスが開始された 5G、
そして、それを活用した IoT が大きな注目を集めた結果、スマートシティ
実現の機運が一気に高まったのである。

## 第 3 節　政府、自治体の振興策と成果

　本節ではスマートシティの定義、歴史に続き、その現状について論じるが、
前段では日本政府が推進する施策の全体像を紹介し、その特徴や問題点を解
説する。後段では、日本全国で展開されている多数のスマートシティ事例を
俯瞰的に紹介する。

### （1）政府、自治体のスマートシティ施策

　スマートシティの対象は都市機能の森羅万象であるため、その振興にかか
る施策も複数の中央省庁で展開されている。内閣府が発表した「スマートシ
ティの推進に向けて（令和 2 年 10 月 29 日）」（内閣府, 2020）には、内閣府、
総務省、国交省、経産省のスマートシティ関連事業が一覧表でまとめられて
いる。その主な内容を図表 7-1 に示したが、共通的な特徴は次の通りであ
る。

図表 7-1　中央省庁のスマートシティ関連事業（内閣府 2020 年 10 月発表）

| | 内閣府<br>（地方創生推進事務局） | 内閣府<br>（地方創生推進事務局） | 総務省<br>（情報流通行政局） |
|---|---|---|---|
| 事業名 | スーパーシティ構想推進事業 | 未来技術社会実装事業 | データ連携促進型スマートシティ推進事業 |
| 予算<br>（R3 年度要求額） | 23 億円 | 1.2 億円 | 6.9 億円 |
| 主な支援対象 | ・先端サービス構築<br>・データ連携基盤整備 | 社会実装に向けたハンズオン支援 | データ連携基盤構築費、機器購入費 |
| 選定数<br>（R2 年度分） | － | 12 事業 | 7 事業 |

（下表に続く）

| 国交省（都市局） | 経産省（製造産業局） | 国交省（総合政策局） |
|---|---|---|
| スマートシティモデルプロジェクト | 新モビリティサービス環境整備事業 | 日本版 MaaS 推進・支援事業 |
| 2.4 億円 | 10 億円 | 9.07 億円 |
| 実証実験 | ・地域課題の解決を図る先進的サービス実証<br>・モビリティデータ基盤構築 | ・混雑を分散させる取組などへの支援<br>・MaaS の円滑な普及基盤整備 |
| 7 事業 | 16 事業 | 38 事業 |

出典：内閣府（2020）pp.9-10 から筆者作成

①年間予算は数億円から多くても 20 億円程度と小規模である。

②毎年、各事業が複数のモデル事業を選定し、その支援を行っている。

③内閣府はスマートシティの課題を克服するために、その上位概念ともいうべき「スーパーシティ構想（後述）」の推進事業を展開している。

④経産省、国交省の両方でモビリティ施策が展開されており MaaS（Mobility as a service）への関心が高い。

⑤国交省の 2 つの局で別々の事業が展開されている。

図表 7-2　政府のスマートシティ、Society 5.0 の実現に向けた中長期の取組

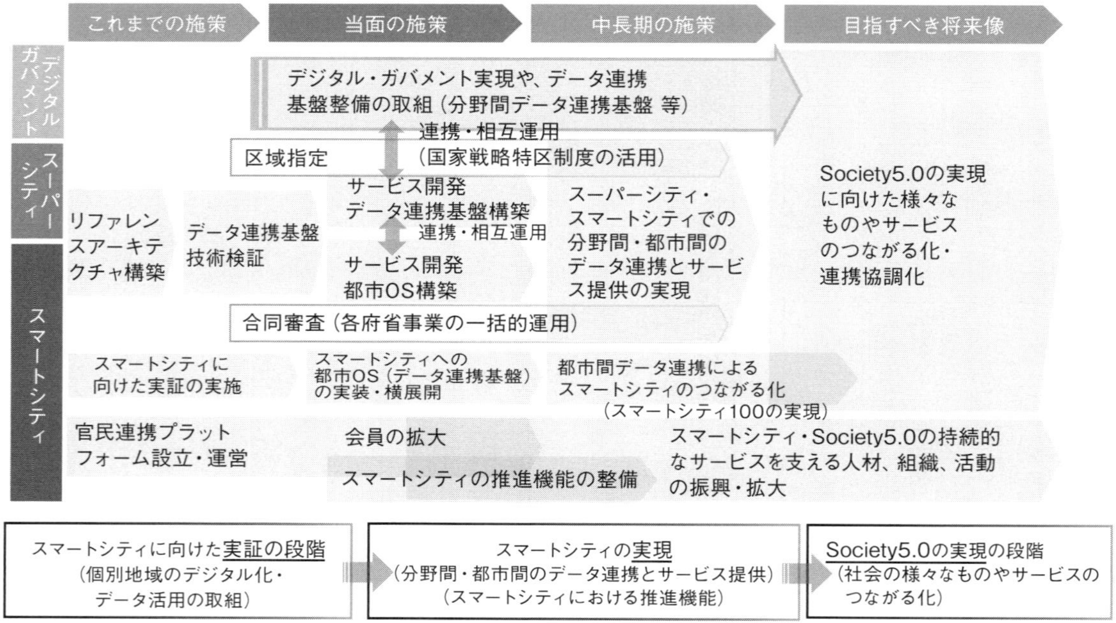


出典：内閣府（2020）p.7

　この内閣府（2020）では、スマートシティ実現に向けた中長期の取組を図表 7-2 のように説明している。この図では、縦軸に「スマートシティ」と上位概念の「スーパーシティ」（後述）が、そして、それらを支える政府のデジタル化（「デジタルガバメント」）が並んでいる。横軸は時間軸であり、施策の経緯、現状、今後が展望されている。内閣府は図中の「データ連携基盤」の構築を 2021 年度に開始すると説明しており、スマートシティが実証段階から実現段階に移行しつつあることがわかる。図中にはデータ連携という用語が頻出しており、スマートシティ実現のカギであることが強調されている。また、連携されたデータの共通基盤となる都市 OS の構築を行うことも示されている。欧州では「FIWARE（ファイウェア）」と呼ばれるオープンソースの都市 OS の利用が広がっており、日本でも 2018 年 2 月に日本電気(NEC)が FIWARE を活用したスマートシティ向け「データ利活用基盤サービス」を自治体やエリア開発事業者向けに販売開始している。

　内閣府（2020）が整理したように（図表 7-1）、日本では総務省、国交省、経産省などが複数のスマートシティ事業を推進し、各事業で多くの事例が展開されている。しかし、内閣府は現状には問題点も多いと考え、2021 年 3 月、スマートシティの課題を克服する「スーパーシティ」構想を打ち出した。内閣府（2021）によれば、AI やビックデータを活用し、社会のあり方を根本から変えるような都市設計の動きが国際的に進展している。それは、白地から未来都市をつくり上げるグリーンフィールド型の取り組み(雄安市(中国)、トロント市等) や、あるいは、既存の都市をつくり変えるブラウンフィールド型の取り組み（ドバイ市、シンガポール等）である。しかし、内閣府によれば、世界各国でも「エネルギー、交通などの個別分野にとどまらず生活全般にわたり」、「最先端技術の実証を一時的に行うのではなく暮らしに実装し」、「技術開発側・供給側の目線ではなく住民目線で未来社会の前倒し実現」を行うような、「まるごと未来都市」は未だ実現していない。そして、日本にはその実現のために必要な要素技術は、ほぼ揃っているが実践する場がないため、国家戦略特区制度を活用しつつ住民と競争力のある事業者が協力し、世界最先端の日本型スーパーシティを実現するとしている。内閣府はその参加自治体、事業者を募集したが、2021 年 8 月には応募した 31 件の全件を

差し戻すという異例の措置を行った。応募内容のさらなる踏む込みによる斬新性や積極性を求めた結果であり、内閣府の意気込みが窺える対応である。その後、2022 年 3 月になり、大阪市とつくば市が指定されたが、今後、長期的に「特区」での成果が「普通の街」で持続できるのかどうか注目される。

　ここまでみてきて、内閣府などが指摘するスマートシティの課題に共通するポイントは、データの利活用、特にデータ連携であることがわかった。そこで、以下では、日本と欧州のデータ連携施策の現状について説明を行う。

## (2) 日欧のスマートシティのデータ連携施策

　2018 年頃までの日本のスマートシティ施策は、政府の各本部・省庁が所管分野を中心に個別にモデル事業等を実施しており、各事業の連携や分野間のデータ連携等があまり図られていない状況であった。2019 年以降、そのような課題の解決が必要との認識が高まり、関係府省・官民が一体となったスマートシティの取組の加速化を目的として、2019 年 8 月、内閣府、総務省、経産省、国交省が中心となり、「スマートシティ官民連携プラットフォーム」を設立した。このプラットフォームは、Society 5.0 の実現に向け、AI、IoT などの新技術やデータを活用したスマートシティをまちづくりの基本コンセプトとして位置づけ、企業、大学・研究機関、地方公共団体、経団連等、600 団体以上が会員として参画している。同フォーラム事務局は、その活動内容を「事業支援、分科会の開催、マッチング支援、普及促進活動等の実施により、会員のスマートシティの取組を支援する」と説明している。

　欧州に目を向けると、欧州委員会（EC）のスマートシティ特集サイト（EC, 2022）では、政府、自治体、産業界、投資家、銀行、研究者、その他の多くのスマートシティ関係者を結び付けることを目的とした「スマートシティ・マーケットプレイス」という交流サイトが紹介されている。その説明によれば、スマートシティ・マーケットプレイスは「Explore（探索）–Shape（形成）–Deal（取引）」というマッチメイキングプロセスによって構成されており、スマートシティ・ソリューションの知識交換、能力開発サポート、開発、実装、複製、アップスケーリングを目的としている。この交流サイトでは、2022 年 4 月時点で 182 事例が紹介されている。そのうち、

同施策を通じて資金援助が提供されたプロジェクトは124件であり、17の投資家から総額5億8,530万ユーロの支出が行われたという。

## (3) 国内外のスマートシティ事例

　本項では、国内外で展開されているスマートシティの実例について紹介する。日本でどれだけのスマートシティ関連サービスが展開されているのかを確認するために、「スマートシティ官民連携プラットフォーム」のデータベースを検索すると、2022年4月時点で180を超えるプロジェクトが掲載されている。まさに百花繚乱の趣だが、個々の事例概要にはリンクが張られており、それぞれのプロジェクトの対応課題も記載されている。課題のベスト3は「交通モビリティ」、「観光・地域活性化」、「健康・医療」だが、複数分野を対象としているものも多い。このような多数の地域単位のプロジェクトが積み上げられていき、そのなかの最善事例が日本全国に水平展開されればスマートシティの普及の助けとなるであろうが、そのためには、内閣府も指摘する課題（「個別分野のみに終始」、「暮らしに非実装」、「住民目線の欠如」）の克服が重要である。そうでなければ、一時的に狭いプランターのなかで百花繚乱と咲き誇った花々は、いずれ枯れてしまうであろう。

　続いて海外事例であるが、内閣府は2021年3月にスーパーシティについて説明した資料（内閣府, 2021）のなかで、世界中の数多い事例のなかから代表的なものを紹介している。内閣府はそのうち、ドバイ市、シンガポールを既存の都市をつくり変えるブラウンフィールド型の取組としながら、世界でも「まるごと未来都市」は未だ実現していないと説明している。ICTの各種指標の世界ランキングにおいて、シンガポールは香港、バルト三国などと並んでトップ争いの常連である。小規模な国・地域に人口が集中していることが大きな理由である。とはいえ、その規模であっても、まるごと未来都市が実現できれば画期的なことであり、世界の巨大都市に応用可能となるだろう。中央集権的な「国家」が旗を振るシンガポールと、東京やニューヨーク、ロンドンなどの「自治体」を比較するのは適切ではないかもしれないが、シンガポールのスマートシティの行方が注目される。もう1つ注目すべきは、カナダ・トロント市の事例である。内閣府は「ビッグデータで街をコントロー

ル」と説明しているが、そこで主導権を握ろうとしたのが Google の持株会社であるアルファベット（Alphabet）傘下のスマートシティ構築企業サイドウォーク・ラボ（Sidewalk Labs：以下、Sidewalk）であった。市当局と大規模プラットフォーマーが組んだケースとして世界的に大きな注目を集めたが、結局のところ、トロントの事例は 2020 年 5 月に失敗に終わっている（後述）。

## 第 4 節　5G/IoT と次世代のスマートシティ

　第 1 節の定義から明らかな通り、スマートシティと ICT は密接不可分であり、その実現に向けて 5G, IoT が大きな役割を担っている。総務省はスマートシティ構想におけるデータの重要性を強調してきた。情報通信白書（総務省, 2020）においては、「2012 年度から開始した ICT 街づくり関連事業を発展させ、2017 年度からは、都市が抱える多様な課題を解決することを目的とし、大企業やベンチャー企業など多様な主体が参画できるようなオープンなデータ連携基盤を構築し、さらに、近隣自治体等へ横展開し波及効果の最大化を図る『データ利活用型スマートシティ』の構築を推進してきた」と説明している。データ連携基盤には行政や様々な産業が取得するデータが集められるが、それを媒介するネットワークとしての 5G に総務省は大きな期待を寄せている。「データ利活用型スマートシティ」は 2021 年度からは「データ連携促進型スマートシティ」と改称されているが、総務省は 2020 年度に 7 つ、2021 年度に 9 つの市町村を推進事業の候補に選定している。ただし、その 16 候補の内容を確認すると、現時点ではまだ 5G の特性を生かした具体的なソリューションが示された候補は少ない。5G はあくまでもデータ収集、流通の媒体、手段であり、華々しく表舞台に出るべきものではないかもしれないが、その技術特性である「超高速」、「超低遅延」、「多数同時接続」を生かした、スマートシティの具体的ソリューションの登場が待たれるところである。

　日本の 5G 政策の特徴として世界から注目されているのは、全国規模の

5G（以下、全国 5G）とは別に、限られた地域で通信事業者以外も取得可能なローカルレベルの 5G（以下、ローカル 5G）の免許が付与されていることである。ローカル 5G 免許を大々的に付与している数少ない国として、日本の他にはドイツがあげられる。ドイツのローカル 5G（キャンパス 5G と呼称）は産業振興の側面が強いが、日本ではローカル 5G こそが民間の創意工夫でスマートシティのユースケースを生み出していく大きな力になると期待されている。総務省はローカル 5G の利用促進に向けて、「課題解決型ローカル 5G 等の実現に向けた開発実証」を展開中であるが、2020 年度に 19 件、2021 年度に 26 件の開発実証を選定している。その内容を確認すると、「まるごと未来都市」（「連携」「横断」「持続的」）の可能性を秘めた実証例はまだ少ないが、前橋市で「ICT まちづくり共通プラットフォーム推進機構」が実施している「ローカル 5G を活用した遠隔型自動運転バス社会実装事業」や、広島県廿日市市で広島ガスが展開中の「プラントの遠隔監視によるガス漏れ等設備異常の効率的検知の実現」など、公益事業系の実験は今後の都市全体への広がりの可能性を感じさせる。

　5G の 3 つの特徴は、「超高速（4G の 10 倍）」、「超低遅延（同 10 倍）」、「多数同時接続（同 30 〜 40 倍）」である。5G の開始は 4G 開始から約 10 年後であり、その期間の 10 倍は連続的な発展かもしれないが、40 倍は「非」連続的ともいうべき進化である。格段に進化した多数同時接続こそが IoT の必要としているスペックであり、5G の登場によってスマートシティは、固定回線や 4G をベースとしていた従来モデルからの非連続的進化が期待されている。また、広い地域で汎用的なスマートシティ施策を展開することは全国 5G でも可能だが、公園、競技場、港などの局所についてカスタマイズされた施策展開が必要な場合は、ローカル 5G の活躍が期待される。「広く浅いスマートシティ（全国 5G）」と「狭く深いスマートシティ（ローカル 5G）」をシームレスに組み合わせることで、スマートシティの高度化（「広く深い」）が達成される。ローカル 5G 免許を制度化し、その促進を行っている日本の姿勢は、スマートシティの高度化にとって大きな支援となるだろう。

　以上の認識を踏まえて、スマートシティの整備に関するポイントを筆者な

りに改めて整理すると次の 3 点になる。

（スマートシティの適切な整備に関するポイント）

①誰がスマートシティにおける IoT、ビッグデータ、AI を活用する能力を有するのか？

②誰がそこで連携される市民、企業データの管理に責任を負うべきなのか？

③誰が都市全域の様々なサービスのシームレスな組み合わせを指揮すべきなのか？

　設問に対する回答は様々であろうが、最も多いと想定されるのは、①はプラットフォーマー、②は自治体、③は①と②のいずれか（もしくはその組み合わせ）ではないか。実際、トロント市の事例では①が Google 系の Sidewalk、②と③は市当局およびその関連団体であった。問題は、各当事者の連携が十分に取れるかどうかだが、トロント市では後述のように Sidewalk 単独の勇み足が計画の失敗につながった。また、同市のように公共空間を対象とする場合とは異なり、特定の事業者が自社エリアでスマートシティを展開する場合には、その事業者が①から③のすべての主導権を握ることもある。トヨタのウーブンシティはまさにそのケースであり、同社は裾野市の工場跡地をスマートシティのプライベートな「テストコース」に例えている。ただし、コネクティッドカーや自動運転の覇権を握るために巨額のデジタル投資を続けるトヨタといえども、単独でウーブンシティのすべてを進める能力は十分ではない。とりわけ、5G などのネットワーク技術では専門家と組む必要がある。そのため、トヨタと NTT が 2020 年 3 月にスマートシティ分野での提携を発表したのは驚きではない。

　次節において、（1）スマートシティ計画で密接な連携に失敗した Google（Sidewalk）とトロント市、（2）単一企業が他事業者と協業してスマートシティ構築を目指すウーブンシティのケースを分析し、上記①〜③の設問への正解を探ってみたい。

## 第5節　国内外のケース分析と評価

### (1) トロント市

　Sidewalk は 2017 年 11 月、トロント市が進めるウォーターフロントの一部を再開発するプロジェクト「Quayside」のパートナーとして選定された。対象地域は 12 エーカーであったが、将来的には Port lands 地域全体（800 エーカー〔324 万平方メートル〕）に広がる可能性のある大規模プロジェクトであった。Sidewalk のサイトで紹介されているサービスメニューは図表7-3 の通りであるが、Google 譲りのデジタル技術を駆使した次世代のハイテク不動産ディベロッパーであると同時に、公園や木造建築の整備を目指すエコ企業の側面も押し出しており、持続的なスマートシティを構築するには最適の企業に思われた。

　トロント市の計画が進むなか、Sidewalk は 2019 年 6 月、多くの関係者が驚く分厚い「マスタープラン（1,500 ページ）」を唐突に発表し、人流などに関するリアルタイムデータの大規模な活用を盛り込んだスマートシティ計画を提示した。この独断的ともいえる過大計画に市議会、市民が反発し、同社は 1 年足らず後の 2020 年 5 月、短い声明を通じて計画からの撤退を発表する。Sidewalk はデータ利活用のための「Urban Data Trust（都市デー

図表 7-3　Sidewalk のサービスメニュー（同社サイトより）

| 製品名 | 説明 |
|---|---|
| Delve | AI を活用した不動産開発 |
| Pebble | 駐車場管理センサー |
| Mesa | エネルギー節約センサーキット（小型ツールボックス） |
| Affordable Electrification | 家庭エネルギー管理システム |
| Mass Timber | 高品質な木造集合建築 |

出典：Sidewalk Labs のサイトトップページ（sidewalklabs.com, 2022 年 5 月 6 日閲覧）
　　　から筆者作成

タ信託）」の創設を提案していたが、そのデータ収集や保護に対して市民が警戒したことが、同社にとって誤算であった。この時期、米国のみならず世界中で大規模プラットフォーマー（GAFA など）への批判が高まっていたことも、Sidewalk への警戒感を増幅させた。ハイテク専門誌の Wired は、このプラットフォーマーと自治体のスマートシティ連携の象徴的な失敗を報じた記事において、ビッグデータの政策応用が専門であるノースイースタン大学（米国ボストン）のダニエル・オブライエン（O'Brien, D.T.）准教授の「Sidewalk や大手プラットフォーマーが次にこうした事業を実施するときは、地域コミュニティとの密接なコミュニケーションを重視するだろう」という発言を引用している（Wired, 2020）。

　トロント市のケースについては、地元カナダを中心に複数の学者が失敗の原因を論じている。それらの指摘から浮き彫りになるのは、スマートシティにおけるデータ連携の難しさである。例えば、オタワ大学のテレサ・スカッサ（Scassa, T.）教授は、Sidewalk の Urban Data Trust (UDT) には以下の 3 つの欠点があったと指摘している（Scassa, T., 2020）。

（欠点 1）UDT が克服しようとした課題は、情報資産の共有を越えており、開発の本質に関連するものが多かった。

（欠点 2）「都市データ（Urban Data）」という新しいカテゴリーは、公共空間と民間空間という不確定な概念を組み合わせた定義に基づいており、扱いが難しく不安定であった。

（欠点 3）複数の参加者が存在する複雑な環境のなかで、単一の利害関係者（Sidewalk）によるトップダウン・モデルであった。

UDT については、地元トロント大学のリサ・オースティン（Austin, M.L.）教授とデビッド・リー（Lie, D.）教授の共著論文（Austin, M.L. & Lie, D., 2021）が別の角度から批判を展開している。その要旨は以下の通りである。

　✓　UDT は 2 つの矛盾するモデルから組み立てられた。1 つのモデルはオープンデータ・ビジョンであり、データへの広範なパブリックアク

セスを想定していた。

- ✓ もう1つは、データ利用に一定の規範の適用を考えた資産受託責任 (stewardship) モデルである。これらのモデルは、異なる前提、説明責任、監視が必要であった。
- ✓ Sidewalk の「都市データ」は非識別の個人情報を含むが、さらにそれよりも範囲が広いため、Urban Data Trust とデータ保護法の関係が不明であった。
- ✓ UDT は非営利法人であり、連邦政府の民間データ保護法にも、州政府の公的データ保護法にも準拠しなかった。
- ✓ そのため、Sidewalk の提案は、UDT をプライバシー保護のための公的規制の枠組みから完全に外すことになった。

## (2) ウーブンシティ

トヨタは2020年1月、米国ラスベガスで開催された「コンシューマー・エレクトロニクス展(CES)」の場において、同社の「コネクティッド・シティ」プロジェクトを「ウーブンシティ」という名のもと、静岡県裾野市の工場跡地で展開すると発表した。その内容は、図表7-4のように画期的なものであった。

ウーブンシティに対する世間の関心の高さに比べて、トヨタの情報公開は物足りないとの指摘がある。マスメディアの論評を引用すると「農業や飛行場も？トヨタ、箝口令敷かれた実験都市計画（朝日新聞（2021年2月19日))」、「トヨタ『ウーブンシティ』に不安の声も、鍵は住民との融和に（日経ビジネス（2021年9月13日))」といった具合である。それらの声に対して、トヨタは2021年10月15日に裾野市で開催された説明会において、「ウーブンシティは『街』であると同時に、(スマートシティの)『テストコース』でもあります。街の開発に関わる内容は、不確定な状態のままではお伝え出来ないことも多くございます（抜粋)」と答えている。ウーブンシティのサービスメニューは、トロント市に関与したSidewalkのメニューと共通部分が多いが、「半ブラウンフィールド（湾岸再開発）における一般住民向け（Sidewalk)」か、それとも「完全グリーンフィールド（工場跡地）にお

図表 7-4　ウーブンシティの主な内容

---

- □　街を通る道を 3 つに分類
  - ①　スピードが速い車両専用の道として、「e-Palette」など、完全自動運転かつゼロエミッションのモビリティのみが走行する道
  - ②　歩行者とスピードが遅いパーソナルモビリティが共存するプロムナードのような道
  - ③　歩行者専用の公園内歩道のような道
- □　建物は主にカーボンニュートラルな木材で作り、屋根には太陽光発電パネルを設置。
- □　暮らしを支える燃料電池発電も含めて、街のインフラはすべて地下に設置。
- □　住民は、室内用ロボットなどの新技術を検証。センサーのデータを活用する AI により、健康状態をチェックしたり、日々の暮らしに役立てる。
- □　e-Palette は人の輸送やモノの配達に加えて、移動用店舗としても使われるなど、街の様々な場所で活躍。
- □　街の中心や各ブロックには、人々の集いの場として様々な公園・広場を作る。

---

出典：トヨタ（2020 年 1 月 7 日）ニュースリリース「トヨタ、『コネクティッド・シティ』プロジェクトを CES で発表」から抜粋

ける選定された人々向け（トヨタ）」か、という点で異なっている。ウーブンシティは、当面は特定の志向をもつ層に向けた施策の色彩が強く、その内容が完全なブラウンフィールドにどう応用可能なのか、今後の行方に興味が尽きない。

# 第 6 節　まとめ－カギを握るデータ連携

　本章ではスマートシティの現状や課題についてみてきたが、そこで明らかになったのは、都市を ICT の利用により高度化するという試みが、10 年以上前から日本のみならず世界中で展開されていることであった。その様子は、都市機能の「森羅万象」を対象とし、官民が「百家争鳴」の状態で理想像を追い求め、その事例は「百花繚乱」のごとく多数で多彩である。しかし、スマートシティが実証から実現のフェーズへと移行するためには、関連するサービス、ソリューションを短期的、単発的なものに終わらせてはならない

という意識は共有されている。そして、そのカギがデータ連携にあることも多くの関係者が認めるところである。データ連携のための情報収集に IoT が大きな力を発揮し、そのためのコネクティビティを提供するネットワークとして 5G への期待が高まっている。

　しかし、データ連携はトロント市のスマートシティ計画の挫折が明らかにしたように、セキュリティ、個人情報保護などの観点から住民に警戒感が強い。データ信託方式で乗り切ろうとした Sidewalk の目論見も理解されなかった。当然のことながら、データ連携に関する課題はスマートシティ固有のものではない。欧州連合（EU）が 2016 年に成立させた「一般データ保護規則（GDPR）」のように、デジタルデータの保護を強化する取り組みは世界上で活発に行われている。データ保護はスマートシティ固有の問題として解決するには大きすぎるテーマであり、GDPR のような全般的な保護規則の整備をみながら、それと十分に整合を取りながら解決をしていかなければならない。

　他方、プラットフォーマーとパートナーシップを組む政府、自治体にも課題は多く存在する。スマートシティの対象サービスには交通、下水道、街灯、教育、治安など、公共サービスが数多く含まれる。それが無ければ都市は成り立たないし、それを民間が全面的に受託することは難しい。そのため、国や自治体の提供サービスのデジタル化、オンライン化を推進し、そこで収集されたデータを外部に適切に公開、連携していくことが、スマートシティの成否を握っている。日本でも 2000 年代から必要性が論じられていたガバメントオープンデータであるが、少子高齢化がますます加速し、感染症などの危機対応へのデジタル化の遅れが指摘される今ほど、ガバメントオープンデータの高度化や民間データとの連携が求められている時はないであろう。

〈参考文献〉

Austin, M. Lisa & Lie, David（2021）"Data Trusts and the Governance of Smart Environments：Lessons from the Failure of Sidewalk Labs' Urban Data Trust," *Surveillance & Society*, Vol.19 No.2, pp.255-261, 2021-06-26.

EC（2022）"Smart cities, Cities using technological solutions to improve the

management and efficiency of the urban environment," European Commission.
https://ec.europa.eu/info/eu-regional-and-urban-development/topics/cities-and-urban-development/city-initiatives/smart-cities_en（2022 年 5 月 6 日閲覧）

ITU（2016）ITU-T Y.4900/L.1600（06/2016）"Overview of key performance indicators in smart sustainable cities," International Telecommunications Union, 2016-06-06.

Scassa, Teresa（2020）"Designing Data Governance for Data Sharing: Lessons from Sidewalk Toronto," *Technology & Regulation*,（Special Issue: Governing Data as a Resource）, pp.44-56, 10 DEC 2020.

総務省（2020）『令和 2 年版情報通信白書』，情報流通行政局 情報通信政策課 情報通信経済室。

内閣府（2020）『スマートシティの推進に向けて』，内閣府政策統括官（科学技術・イノベーション担当）（2020 年 10 月 29 日）。

内閣府（2021）『「スーパーシティ」構想について（2021 年 3 月）』，地方創生推進事務局。

Wired（2020）「グーグルがトロントで夢見た『未来都市』の挫折が意味すること」，『Wired Japan』，2020 年 5 月 9 日。

（神野　新）

# 8章 地域交通と5G

## はじめに

　5Gの活用により、多くの問題の解決の糸口がみいだせると期待される交通分野では、無数の「社会実験」がなされている。その成否は必ずしも、経済的な合理性だけでは割り切れない面もあることに注意しよう。現在、情報を軸に利用者の視点から体系を見直すべくMaaSの導入をめぐる議論が活発である。それを実現し円滑に機能させるうえで、5Gは重要な役割を果たすであろう。ただMaaSの意義は高く評価されるものの、言葉が独り歩きする危惧がないわけではない。

　現時点で地域交通分野の各種実験に5Gが取り入れられているケースは限られているものの、多くの場合、その活用により全体の価値が高まると推測され、今後の動きが注目される。目にみえることの意義は大きく、新たな技術や文化、社会的なしくみを定着させるうえで、交通機関が果たす役割を無視できない。本来の機能とは異なるかもしれないが、5Gの普及・浸透に貢献することが予想される。

## 第1節　通信と交通

　人は、古来から離れた場所に情報を伝達しようと試みてきた。狼煙やドラム通信といった「情報量は少ないけれど早い」合図のようなものと、飛脚や郵便のように「情報量は多いけれど（通信に比べて）遅い」ものそれぞれを発展させてきたけれども、どちらか一方のみでなく、通信と交通を組み合わせて活用してきたことは、例えば唐や日本の軍制から類推される[1]。情報伝

達のあゆみを振り返って、量の多さとリアルタイム性を両立させたのは電話であった。

　これまで、通信の技術がどんなに発達しようとも実際の移動に関わる技術の発展の方向性が大きく変わることはほとんどなかったが、今日、「移動しなくても済むための技術」が進展し、抜本的に交通体系の見直しを主張する声があがるようになったことは注目される[2]。交通体系の見直しにつながる5G の出現は、後から振り返って時代を画するものと位置づけられるかもしれない。

　さて、5G を普及・浸透させるうえで「人の意識」や「行動特性」等を視野に入れた技術の開発がこれまでより重視されると推測されるが、実際に「どういう点にウェイトをおいたらよいか」を明らかにすべく、試行錯誤の積み重ねは不可欠であろう。全国様々な地域でなされている交通分野の「開発実証」「実証実験・社会実験」は興味深い。

## 第2節　データの活用とモビリティ

　交通は情報の活用が期待される分野の1つであり、他分野以上に様々な「実験」がなされている。それに関連して、至るところでモビリティの向上がいわれているものの、厳密には交通とは異なる概念[3]であり、その向上が交通にどのような影響をおよぼすのだろうか、という素朴な疑問を禁じ得ない。モビリティの改善は長期もしくは超長期の視点から大きな意味をもつことは確かであるものの、短期的には交通問題に対する万能の解決策ではないことに留意しなければならないのではないだろうか。

　第1章で論ぜられたように、情報に関わる分野では「融合」が進んでいるが、同じような意味での交通機関間の「融合」は考えにくい。「融合」の

---

1　星名定雄（2006）『情報と通信の文化史』，法政大学出版局，参照。
2　例えば、野口悠紀雄（2022），p.16 参照。
3　交通は目的を達成するための手段であり（派生的需要）、目的とする活動をスムーズに行うために、安全で安心・快適に空間的な距離を克服することが求められ、移動時間の短さあるいは費用の安さが求められる。

図表 8-1　MaaS とデータ

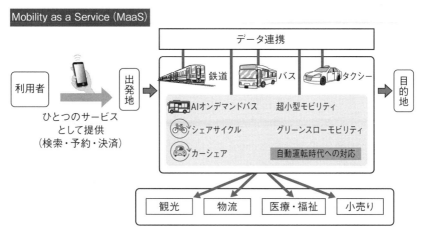

出典：国土交通省関東運輸局 (2018)『日本版 MaaS の実現に向けた最近の交通政策の動向について』
　　　p.26 より引用

大前提は「変換可能性のある・なし」だと思われるからである。それゆえ「融合」ではなく、データを適切に活用してパーソナルモビリティを持ち歩く・カーフェリーを活用するなどといった形での「結合」、シームレスな体系の構築を志向せざるを得ない。MaaS（Mobility as a Service）はその代表例ととらえられよう。

　MaaS では、地域住民や旅行者一人一人のトリップ単位での移動ニーズに対応して、複数の公共交通やそれ以外の移動サービスを最適に組み合わせて検索・予約・決済等を一括で行うもので、新たな移動手段（シェアサイクル等）や関連サービス（観光チケットの購入等）も組み合わせられる。通常、スマホアプリが念頭に置かれ、世界ではじめて実用化されたフィンランドでは、公共交通機関の利用シェアの増加、都市部における渋滞の削減や環境負荷の低減、公共交通機関の運行効率化・生産性向上につながったとされている[4]。

---

4　MaaS Alliance（2017）"MaaS ALLIANCE White Paper"

その効果から MaaS の実現を求める声は多々あり、その流れに異端を唱えるつもりはない。ただ、ポイントは形にではなく「データに基づく効果的な交通サービスの提供」「事業者ではなく利用者の視点に立つサービスの提供」にあるのではないだろうか。その点が見落とされているような気がしてならない。さらに進める価値があるにせよ、特定の形の MaaS でなくてもよいように思われる。実際、日本の交通系 IC カードは、アプリがなくても、電車、バス、タクシー全部に１つのカードで乗れるほか、コンビニエンス・ストアをはじめとする小売店での支払い、一部自動販売機での支払いも可能である。

いわゆるガラパゴス化に注意しなければならないものの、MaaS という言葉が一人歩きすることが現実に危惧される。

## 第３節　日常生活圏と社会的課題

5G に限らず、発達した情報通信技術を交通分野に適用する試み、あるいはモビリティの向上につながる取り組みは無数になされている。それらが積み重なって交通の事情を一変させる可能性もあることからすれば、それらを考察し明記しておくべきかもしれない。ただ多くの場合、それらの動向は紙の媒体ではなく SNS 等で伝えられており、引き続き、フォローしていくことを今後の課題としたい。

モビリティの向上につながる様々な技術の進展はめまぐるしく、異なる課題に直面する地域では想像すらつかないかもしれない。それゆえ、ここでは日常生活圏における交通を地域交通とし、地域の特性によって都市交通と地方部の交通に分けて 5G の活用を考察しよう。日常生活を送る場によって求められる交通の形と、そのために情報が果たす役割は大きく異なるものの、データの蓄積が豊富になるにつれ、より地域の特性にあった交通の形ができると期待される。

情報技術の成果をモビリティの向上に生かしている例は多々あるけれども、現時点（2020 年 5 月）では、5G を取り入れて地域交通分野でなされ

た社会実験の例は多くない。鉄道走行中における 5G 電波の送受信、トンネル・橋梁などの点検、自動車の走行、物流等の分野で開発実証・技術的な実証実験はなされているものの、地域のモビリティという観点では 5G を使うまでもない、サービスが提供されてから十分に時間が経過していないこともあってまだ機が熟していない、といったことがその理由として考えられる。ただ情報技術を活用した社会実験の精緻化が進むにつれ、5G が多用されることが予想される。

## 第 4 節　都市部における取り組み

　事業者の努力、各種政策の成果、社会構造・人口構造の変化等により、かつての都市交通をめぐる課題の多くはその優先順位を変えてはいる。今日最大の課題は「旅客・貨物の別を問わず移動手段のシェア」「ラスト・ワンマイルの確保」をどうやって実現するかに移ってきているのではないだろうか。

　新しいモビリティ手段のシェア、ロボットによる配送と興味深い実験事例が多々存在するものの、ここでは 5G を使った実験として西新宿でなされた無人タクシーのケースを考察しよう。

　2022 年 1 月 22 日（土）〜 2 月 4 日（金）の期間中に行われた、「東京・西新宿エリアでの第 5 世代移動通信システム（5G）を活用した自動運転移動サービスの実証実験」は、東京都が公募した「2021 年度西新宿エリアにおける自動運転移動サービス実現に向けた 5G を活用したサービスモデルの構築に関するプロジェクト」に採択されたことを受けて実施されたもので、新宿駅西口の地下ロータリーを出発し、都庁や新宿中央公園を通過、京王プラザホテル横を経由して再び新宿駅西口の中央通りへ戻るルートを設定している。参加事業者は 9 事業者で、その役割分担は図表 8-2 の通りである。

図表 8-2　プロジェクトへの参加事業者と役割分担

大成建設、ティアフォー、損害保険ジャパン、KDDI、アイサンテクノロジー、日本信号、大成ロテック、プライムアシスタンス、小田急電鉄

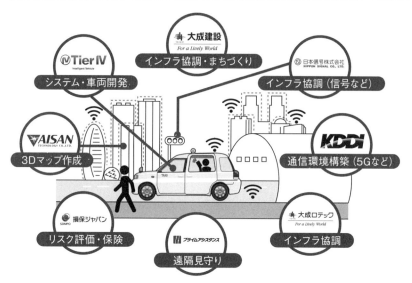

出典：大成建設 2021 年 12 月 15 日リリース記事より引用

　実験の概要は図表 8-3 の通りである。

　実験に使われた車両は、性能的には自動運転「レベル4」相当の実力を備えているが、実験では安全性に配慮して、ドライバーが乗車する「レベル2」で行われた。「自動運転技術の高度化」に関わる実験では、信号・ロータリー・トンネル壁面などインフラストラクチャと協調するための技術が検証され、そのほとんどは都内初のものであった。「社会実装につながる事業面の工夫」として、西新宿スマートシティ協議会や新宿副都心エリア環境改善委員会と連携しまちづくりと一体となった実証実験の実施を掲げられたほか、5G を用いたコネクテッドサポートセンター（中野区）からの遠隔見守りサポートも実施された。

　通信に 5G を使うことで、周囲の環境に左右されない安定した通信を実現できたほか、「歩車分離されず、車線がない道路が含まれると対応はかなら

図表 8-3　実験の概要

| | 主な実証内容 | |
|---|---|---|
| 自動運転技術の高度化 | 5Gを活用して、信号灯色や現示切替りまでの残秒数などの信号情報を車両と連携し、スムーズな予備運転や発進準備を支援【都内初】 | 5Gを活用して、信号機に設置したセンサーにより車両の死角となる範囲の対向直進車や歩行者を検知して車両と連携し、交差点での安全な走行を支援【都内初】 |
| | 車両の死角となる範囲の状況を、道路に設置したセンサーで検知して車両と連携し、駅前ロータリーからの発進を支援【都内初】 | 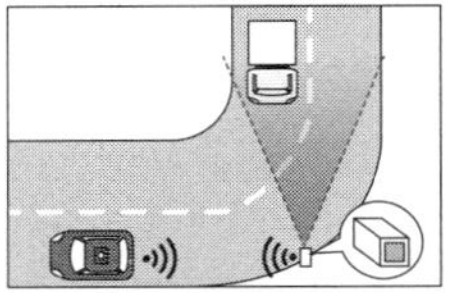 トンネル内に壁面とは反射強度の異なる特殊な塗料を塗布したパネルを設置し、自車位置推定を支援（有用性確認）【都内初】  |
| | 自動運転システムの認識・制御機能の向上（段差や落ち葉などへの過剰な急ブレーキ解消など） |  |
| 社会実装につながる事業面の工夫 | 西新宿スマートシティ協議会や一般社団法人新宿副都心エリア環境改善委員会（エリアマネジメント組織）と連携し、まちづくりと一体となった実証実験の実施／交通事業者との連携により、実装を見据えたサービスモデルの検討 | 5Gを用いて中野坂上にあるコネクテッドサポートセンターから遠隔見守り／自動運転サービスに適したUX（ユーザー体験）の検討 |

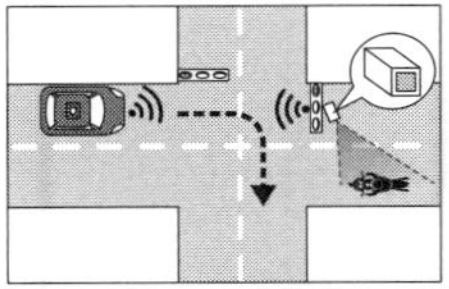

出典＝大成建設 2021年12月15日リリース記事より引用

難しく、特に中央線を越える必要がある路上駐車や歩行者・自転車の追い越しでは対応が困難」であることが確認された。

　リスク評価・保険分野を担当する主体を軸に「遠隔見守りサポート」サービスなど、社会実装に向けた工夫が盛り込まれたものの、いわゆる社会的受容性の点で改善の余地があるようである。

## 第5節　地方部のケース

　地方部では、「足の確保」「生活物資の配送」といった都市部とは異なる切実な課題に直面している。ここでは、こうした課題の解決の糸口をつかむとともに、スマートシティの実現を視野に入れて、5Gを使った自動運転バスに取り組む群馬県前橋市のケースを考察しよう。

　ICTまちづくり共通プラットフォーム推進機構（TOPIC）・群馬大学・日本モビリティ・日本電気（NEC）は、総務省所管の令和3年度「課題解決型ローカル5G等の実現に向けた開発実証」の一環として、2022年2月21〜27日の期間中にローカル5Gを活用した、遠隔監視を含む自動運転バスの公道実証を行った。ルートは、前橋市の前橋駅（JR両毛線）から中央前橋駅（上毛鉄道）までの約1kmである。

　前橋市では、2022年度に自動運転バスを実現するべく2018年から取り組み、すでに2021年2月、キャリア5Gを活用した自動運転バスの運行の公道実証を実施していた。今回は、ローカル5G設備を中央前橋駅に設置し、NECの映像配信技術を活用しつつ公道での自動運転の評価検証を行った。また、他の地域でもローカル5Gを活用した自動運転を実施できるように、電波伝搬モデルの精緻化も実施された。

　車両の運行自体には5Gを使っていない。ただ安全・安定した移動の実現や緊急事態への対応・信号の安定的な受信等を考えれば、車両の走行だけを考えれば用が足りるわけではない。また5Gの恩恵が交通分野のみにとどまらないことに留意する必要がある。例えば、群馬県の隣にある栃木県でなされた自動運転実証実験プロジェクト（ABCプロジェクト）で、実験車両が

図表 8-二　「ローカル 5G を活用した遠隔運転型自動運転バス社会実装事業」の概要

| 代表機関 | 一般社団法人 ICT まちづくり共通プラットフォーム推進機構 |
|---|---|
| 分野 | 交通 |
| コンソーシアム | （一社）ICT まちづくり共通プラットフォーム推進機構、前橋市、日本電気（株）、日本モビリティ（株）、群馬大学 |
| 実証地域 | 群馬県前橋市（群馬大学、上毛電鉄中央前橋駅） |
| 実証概要 | 自動車に依存した社会である各地方都市における公共交通は、交通手段分担率が低迷しており、運転手不足や運用コスト負担という課題が存在。<br>➤ 駅前ロータリー及び試験路をローカル 5G エリア化し、自動運転バスの「複数台運用」及び「遠隔監視・操作・操縦」の実証を実施。<br>➤ 持続可能なまちづくりを推進するため、多様な交通手段を選択可能な公共交通ネットワークの再構築を実施。 |
| 技術実証 | 水面の影響や、伝搬経路中における遮蔽物の割合に応じて電波伝搬損失を考慮した電波伝搬モデルの精緻化を実施。<br>➤ 周波数：4.8-4.9GHz 帯（100MHz）　構成：SA 方式　利用環境：屋外 |

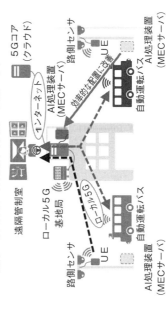

AI処理装置等機材の効率的な配置
✓ AI処理装置等の路側への設置機器を効率的な配置に改善する
⇒機材の導入障壁や、運用保守負荷の軽減に寄与

車両－遠隔管制室間の情報伝送
［伝送情報：カメラ映像等（走行状況を把握するための車内外情報）］
✓ ローカル5Gによりセンサ情報と高品質カメラ映像の伝送が可能
⇒運行に必要な情報の質の改善に寄与
✓ AI車により必要な情報を必要な分だけ伝送が可能
⇒遠隔監視者の監視効率改善により、安全性向上に寄与

路側－遠隔管制室間の情報伝送
［伝送情報：カメラ映像等（特に自動運転車両の死角）］
✓ ローカル5Gによりセンサ情報と高品質カメラ映像の伝送が可能
⇒死角の軽減に寄与

出典：三菱総合研究所「令和 3 年度課題解決型ローカル 5G 等の実現に向けた開発実証」事務局（2021）17 より引用

図表8-5　実験区間

出典：群馬大学　研究・産学連携推進機構　次世代モビリティ社会実装研究センター資料
2022年2月14日プレスリリース記事に一部加筆の上、引用

写した映像が運行の拠点となる道の駅に設置されたモニターに映し出されていた。これによりバスが「足の確保」手段であるとともに"動くライブカメラ"ともなり、多くの人がストレスなく情報を共有することで、様々な課題の認識と解決につながる可能性が感じられる。画像の転送には4Gが使われたため、動きがぎこちなく臨場感に欠けていたが、改善策を考えていくうえで、5Gはその有力な選択肢となるものと思われる。

## 第6節　展　望

　移動手段と5Gが結びつくことで新たな可能性を生み出される・・・エンターテイメントの領域ではともかく、この分野では知らない間に実装され、欠かせないものとなっていくことが、実験から期待される。
　かつて明治のはじめ、鉄道は「文明の利器」とみなされ、文明開化の象徴ともなった。人やモノを空間的に移動させるという本質的な機能よりも、人の目に触れやすく社会に多くのインパクトを与えうるという面が注目された

のかもしれない。その妥当性はともかく、この事実は、5G の普及を考える
うえでヒントを提供しそうである。どんなに価値あるものでも、それがイメー
ジできなければ、普及・浸透にはつなげるのは難しい。普及・浸透しなけれ
ば、真価を発揮する機会が減る・・・5G の普及・進展に交通分野は大きな
役割を果たすのではないだろうか。

〈参考文献〉

Everett M.Rogers（2003）*Diffusion of Innovations*（Fifth Edition）（三藤 利雄
　（2007）『イノベーションの普及』，翔泳社）。

森川博之（2019）『データ・ドリブン・エコノミー－デジタルがすべての企業・産
　業・社会を変革する』ダイヤモンド社。

篠崎彰彦（2014）『インフォメーション・エコノミー』NTT 出版。

竹内宏高・野中郁次郎（1999）「ラグビー方式による新製品開発競争　スピードと
　柔軟性を求めて」（島口充輝・竹内弘高・片平秀貴・石井淳蔵編（1999）『マー
　ケティング革新の時代②　製品開発革新』有斐閣，第 9 章）。

梅棹忠夫（1962）「情報産業論」（梅棹忠夫（1999）『情報の文明学』中公文庫,
　所収）。

総務省『情報通信白書』（令和 3 年版）。

（山田徳彦）

# 中国の5G政策と
# デジタル社会の持続的発展

**はじめに**

　本章では、世界5G利用者の80%ほど占める中国の5G市場の現状を明らかにしつつ、中国政府が主導して推進してきた5G政策の形成過程を整理する。中国の5Gの発展には、国家主導の施策が重要な役割を果たしている。2020年から全国規模で始まった5G基地局の建設ラッシュが中国社会の情報通信インフラの整備を一気に進めることになった。そのようなインフラ整備が最終的に自動運転の無人タクシーやメタバースショッピングなど、5G実用化時代の到来をもたらしている。

　5GはBigdataやAI、ドローンなど多くの新しいテクノロジーが融合した形で必要な場所、必要な人々にサービスを届けるための情報通信プラットフォームとなり、中国デジタル社会の新しいライフライン的な存在になってきている。今後、より幅広い応用によって都市部と農村部のデジタルデバイドの改善につながる可能性も考えられる。

## 第1節　中国情報通信メディアの市場規模と成長

　中国における情報通信メディアの市場規模は大きい。特に携帯電話サービスが1987年より開始して以来、利用者が急増している。2003年にはついに固定電話利用者数を逆転した。2022年3月末時点の中国固定電話利用者は1.8億、携帯電話利用者は16.6億、うち、5G携帯電話利用者は4.03億、携帯電話利用者全体の24.3%を占めている(図表9–1)。2021年末のインターネット利用者は10.32億、モバイルインターネット利用者は10.29億であ

図表9-1　中国情報通信メディアの利用者数

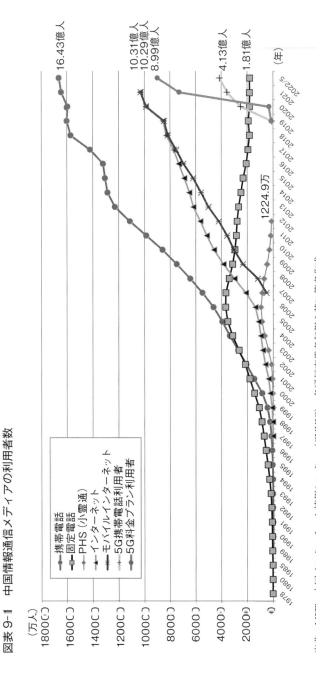

出典：MIT・中国インターネット情報センター（CNNIC）、各通信事業者年報を基に筆者作成

る（CNNIC 2022）。

　中国では 5G 利用者に関するデータ発表が現段階で複数あり、情報通信業の最高行政部門である工業情報化部（MIIT、Ministry of Industry and Information Technology of China）からは、5G に接続している端末数として「5G 端末接続数」、のちに「5G 携帯電話利用者数」を発表している。通信事業者からは「5G 料金プラン利用者数」を公表している。2022 年 5 月時点の「5G 料金プラン利用者数」は通信事業者 3 社合計で 8.9 億となり、なかには 4G の携帯端末で 5G 料金プラン、5G の端末で 4G 料金プランを利用する消費者も含まれている。

　中国の情報通信メディア産業を理解するうえでは、それぞれのメディアの利用者規模に注目する必要がある。つまり、14.4 億の人口を有する中国では、人々が主として何を使ってどのようにして周りと通信を保っているかということである。14.4 億人で 16.6 億台の携帯電話を所持し、インターネット利用者の 99.7%がモバイルインターネットによるアクセスであることも中国の情報通信産業的構造を読み取るうえで重要なポイントとなる。

## 第 2 節　5G の技術的ロードマップと市場構造

### (1) 5G 商用化までのロードマップ

　2013 年、MIIT と国家発展改革委員会（日本の内閣府にあたる中国国務院のマクロコントロール部門）が共同で IMT-2020（5G）推進グループを設立した。5G 推進グループには秘書処という司令塔が設けられ、その下には「ニーズ調査」、「周波数」、「アンテナ技術」、「ネットワーク技術」、「ITU 協調」、「3GPP 協調」、「IEEE 協調」、「知的財産権」という 8 つの部門が設置されている。その主な業務は中国国内のみでなく、欧州、米国、日本、韓国などの国や組織と協力して 5G の技術開発関連を進める内容である。中国国内の 5G 推進について、5G 推進グループは 2016 年から 2018 年までの 3 年間を技術的実証実験期間として設定した（図表 9-2）。この期間をさらに 3 段階に分け、第 1 段階（2015 年から 2016 年まで）は 5G のコア技術、

図表 9-2　中国 5G の技術的推進と商用化

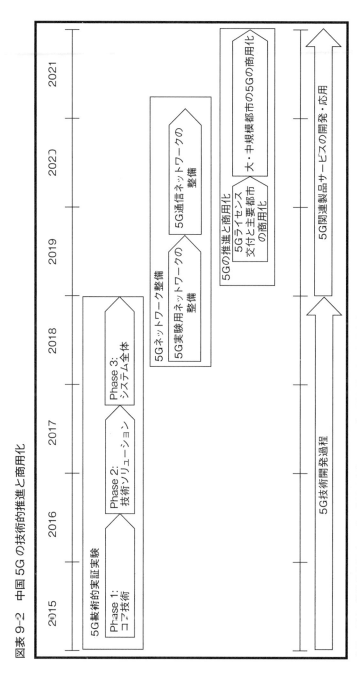

出典：中国工業情報化部（MIIT）・中国国務院などの政府公開資料を基に筆者作成

第2段階（2016年後半から2017年末まで）は技術ソリューション、第3段階（2017年から2018年末まで）はシステム全体の検証を計画した。

　技術的実証実験の後、推進グループは2018年から全国範囲の5Gネットワークの建設を推進した。2018年には18の試運転都市、2019年初頭には12の前期重点都市とその他後期重点都市、前期省地域と後期省地域を指定し、全国範囲へと逐次にエリア展開していた。2019年6月6日にはMIITが5Gライセンスを交付し、同年11月1日より5Gサービスを商用化した。商用化した時点で中国最大の通信事業者である中国移動通信集団有限公司（中国移動、China Mobile）が全国50の都市中心部をカバーする5Gサービスを提供した（図表9-3）。

### （2）5G の市場構造：利用者数と基地局

　2022年3月末、中国の5G料金プラン利用者について通信事業者別にみると、中国移動は全体の55％を占め、中国電信は25％、残りの20％は中国聯通である（図表9-4）。同時点の5G基地局は156万基に達している。MIITが発表した2021年の公表によると、2021年末における中国全国の移動通信基地局は累計996万、うち4G基地局が590万基、5G基地局が142.5万基、年間で65万基を新規整備した。2021年間の電信固定資産投資額は4,058億元（約6兆8,986億円）、うち、移動通信固定資産投資額は1,943億元（約3兆3,031億円）で全体の47.9％となる。5G通信網への投資額は1,849億元（約3兆1,433億円）、移動通信ネットワークへの投資額の95.1％となり、電信投資額全体の45.6％を占めている。2020年より8.9％増であった（MIIT 2022）。

　5G基地局については、2020年から毎年60万基以上のペースで整備してきた。2022年4月で161.5万基となり、中国全国の293の地方都市（地級市）まで全数カバーできている（図表9-5）。基地局当たりのコストも5G基地局関連周辺機器の大量生産やこれまで4回の大規模な調達などを経て、5G基地局当たりの単価は50％ほど大幅に低減してきた（図表9-6）。

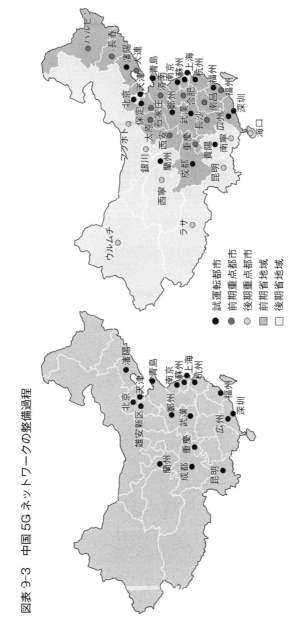

図表 9-3　中国 5G ネットワークの整備過程

出典：中国工業情報化部（MIIT）・通信事業者の公開資料、新聞報道を基に筆者作成

図表 9-4　中国通信事業者別 5G 料金プラン利用者数の推移

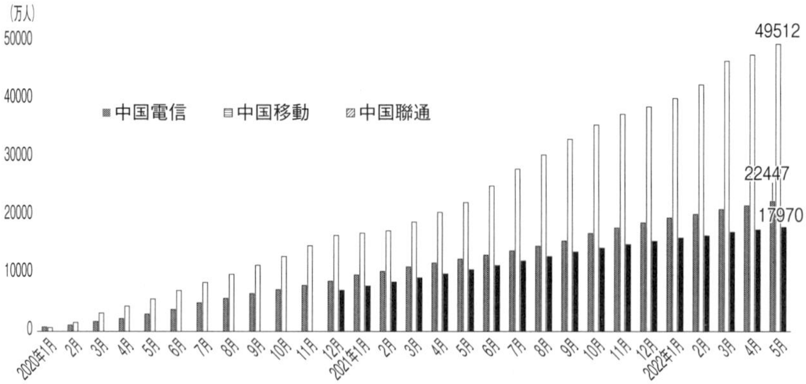

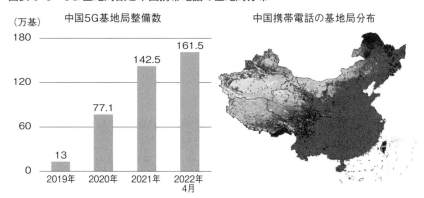

出典：中国各通信事業者公開資料を基に筆者作成

図表 9-5　5G 基地局数と中国携帯電話の基地局分布

出典：MIIT・通信事業者公開資料を基に筆者作成

図表 9-6　5G 基地局数の整備コスト

| 調達日時 | 調達社 | 調達総額 | 5G 基地局数 | 5G 基地局単価 |
|---|---|---|---|---|
| 2020.3.27 | 中国移動 | 371 億 RMB | 23.2 万 | 16 万 RMB |
| 2020.4.24 | 中国電信・中国聯通 | 327 億 RMB | 25 万 | 13 万 RMB |
| 2021.7.16 | 中国移動・中国広電 | 380 億 RMB | 48 万 | 8 万 RMB |
| 2021.7.30 | 中国電信・中国聯通 | 200 億 RMB | 24.2 万 | 8.3 万 RMB |

出典：各通信事業者公開資料を基に筆者作成

## 第 3 節　中国 5G 政策の形成過程

### (1) 2019 年末までの 5G 政策：国家主導の 5G 推進

　2013 年の 5G 推進グループの設立をきっかけに、中国は国家レベルの重要プロジェクトとして 5G の研究開発を精力的に推進してきた。5G 研究開発に関する科学技術研究開発プロジェクトを多数設置した。初期においては主として、国家発展改革委員会や MIIT、科学技術部などの国家省庁内に直属させる形を取ったが、推進分野は次第に広がっていった。MIIT は情報通信産業の最高行政部門として、5G 全体計画、主要技術、キーデバイス、5G 無線技術、5G ネットワーク技術、5G 機器類関連で 2018 年度のみで 22 件の国家級の重要プロジェクトを同時推進した。

　政策の面においても、全国的な政府書類と施策の通達内容が多数あり、2019 年末までででも 14 の大きな施策が確認できる（図表 9-7）。特に 5G に関する技術的標準、実証実験、情報消費促進、全国ネットワークの整備、商用化への強力な政策的支援があげられる。まず、2015 年の「中国製造2025」で 5G の技術的重要性が示された後、2016 年の「第 13 次五カ年計画（2016-2020 年）」で 5G を積極的に推進する目標を明確にした。続いて「国家情報化発展戦略」、「スマート製造工程実施マニュアル」、「十三五国家情報化計画」、2017 年・2018 年中国「政府活動報告」などを通じて一連の国家計画と政府活動報告レベルで 5G を推進している。5G の技術開発、実証実験、安全性、商用化スケジュール、産業化推進などがあげられる。5G の商用化を直前にした 2018 年には、「情報消費拡大の三年行動計画（2018-2020 年）」が公布されるようになり、情報消費の拡大やそれに向けた全国範囲の 5G ネットワーク整備、商用化スケジュールの確保指示があった。

　2019 年初頭、全国で 26 の重点地域を中心に 5G ネットワークの整備、6 日 6 日には通信事業者 4 社への 5G ライセンス交付、9 月の通信事業者の共同整備、11 月 1 日の 5G 商用化、同月末には 5G+ 工業インターネット推進方案も公布され、コロナ対策への 5G 活用というタイムライン的な流れもみて取れる。この時点で全国地方政府発行の施策を含めて中国では既に 460 件の 5G 政策があった（項 2019）。

## 図表 9-7　2019 年までの中国 5G 政策

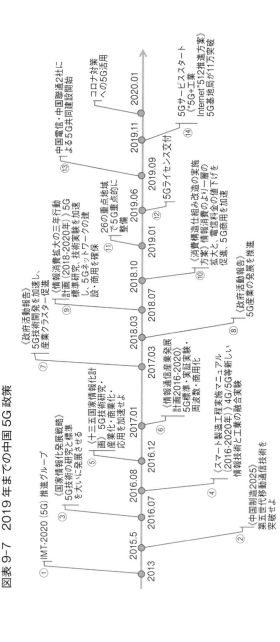

出典：中国工業情報化部（MIIT）・中国主要国家部門の公開資料、新聞報道などを基に筆者作成

## (2) 2020 年の 5G 政策：新型インフラのリード役となった 5G の整備ラッシュ

　ここまでみてきたように、エリア展開を図りつつ商用化した 5G は、2020 年初頭の COVID-19 のパンデミックによってその政策的指向性に大きな変化がみられるようになった。武漢の感染拡大で中国は全国の医療チームを現地に派遣し、感染情報の開示や武漢から全国、全国から武漢までの人流データ、感染クラスターの追跡、感染経路の究明という莫大な作業が迫られることとなった。そこで、中国はコロナ対策にビッグデータ、AI、5G や様々なロボットなどあらゆる利用可能なテクノロジーを駆使するようになった。巨大な人流データの収集と計算処理を進めようとして、全国規模で情報通信インフラの急整備と共に情報技術の社会実装を大きく前進させることになった。そのような現状もあり、2020 年の 5G 政策のキーワードは、コロナ対策と相まって、「新型インフラ建設」と「消費促進」、「投資拡大」に集中していた（図表 9-8）。

　コロナ対策における通信事業者の貢献も大きかった。2020 年 1 月、武漢ロックダウンの真最中、MIIT が通信事業者を招集し、感染者と濃厚接触者の位置情報提供を求めた。のちに、人々の位置情報や移動履歴も政府部門と共有することになり、このようなデータ提供が武漢でのコロナ対策の意思決定の大きな根拠となった。この経緯で通信事業者が管理している人々の位置情報や移動履歴データの提供が武漢をはじめ、全国的に行われ、各地の人流データマップの作成や、公共交通機関の利用履歴、接触可能性のデータベースの構築に大きく貢献をした。そのため、情報通信技術の利活用の重要性が全国で一気に認められた。この影響もあり、武漢での感染状況が改善されつつある、2 月 21 日から 3 月 6 日までの間で 5G の発展を加速するという指示が全国トップレベルの会議で計 4 回出されることになった。2 月 21 日、中共中央委員会主催の全国会議で、「試薬とワクチンの研究開発に医療機器、5G ネットワーク、工業インターネットの急速な発展を加速する」と発表した。翌日の MIIT の会議では、「通信事業者は感染症対策の一環として、5G SA 型ネットワークの整備計画を加速させ、5G ネットワークの整備の牽引役を十分に発揮する」ように指示された。3 月 4 日の中共中央政治局常務委員会会議では「5G ネットワークやデータセンターなどの新型インフラ整備を加

速させ、民間投資の熱意を結集させるように」強調された。3 月 6 日、MIIT 主催の「5G 発展加速特別会議」では、「5G 発展の重要性と緊急性を十分に認識し、5G 発展の新しい状況と新しい要求を科学的に把握し、5G 発展の加速を現実的に推進すべきである」と再度強調された。

　続いて 3 月 18 日、MIIT 発「関与推動 5G 発展の通知」と、国家発展改革委員会・MIIT 連名発「2020 年新型インフラ建設通知」が施行され、5G を「新型インフラ」のリード役として位置づけられた。4 月 20 日、国家発展改革委員会は特別記者会見を開き、「新型インフラ建設」政策には、1）5G や IoT などの情報インフラ、2）ビッグデータや AI などの融合インフラ、3）技術開発などのイノベーションインフラなどがあることが示された。

　5 月に延期開催された全国人民代表大会においても、5G が大きくとりあげられることになった。これまでの旧型のインフラとは異なり、5G をはじめとする新世代情報技術は新型インフラ建設の重要性が示され、「5G は新型インフラ整備のリード役」と位置づけられた。同時に、5G 基地局の消費電力や電気料金改革の具体的な充電方式など、今後の 5G の整備における具体的な問題点についても幅広く議論された。6 月には、全人代の方針を受けて、上海市と北京市で新型インフラ整備行動計画が発表され、9 月 21 日、国家発展改革委員会は、5G によるオンライン＆オフラインの消費拡大方針、5G などの新型インフラへの投資拡大、10 月には情報技術産業の戦略的新興産業への投資拡大、内需拡大指示が発表されることになった。さらに 11 月には、公衆衛生分野における 5G の応用を促すべく、「5G 対応移動型 PCR 検査バス」や「5G 救急車」などの応用プロジェクトについて全国規模で募集することになった。

図表 9-8　2020 年の中国 5G 政策

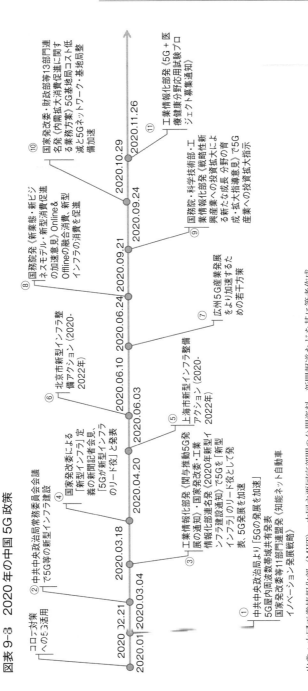

出典：中国工業情報化部（MIIT）・中国主要国家部門の公開資料、新聞報道などを基に筆者作成

## (3) 2021 年以降の 5G 政策：5G 実用化時代の到来

　2021 年 1 月 12 日に 5G サービス品質向上に関する全国テレビ電話会議があり、翌日 13 日には、「工業インターネットイノベーション発展行動計画（2021-2023）」が発表された。この計画は、2018 年の第 2 次計画とは異なり、新計画では 5G をはじめとする新しいテクノロジーのフル活用、工業・製造業への情報化推進が強化されている。2 月以降の 5G 施策として知能ネット自動車について 6 回、応用について 5 回、交通関係について 3 回、工業インターネットについて 2 回触れられている（図表 9-9）など、5G の実用化時代へと突入した。

　5G の応用分野については、工業インターネットやスマート製造業、デジタル交通、知能ネット自動車、スマートシティ、スマート教育などが国家級の施策に列記されている。2021 年 7 月には国家 10 部門にわたる全産業への「5G 応用行動計画」が公布されるまでになり、11 月には全国行政村までの 5G 整備目標値が中国第十四次五ヵ年計画で明示されることになった。その 1 週間後、北京市知能ネット自動車政策先行区で中国国内初の知能ネット自動車による自動運転タクシー Robotaxi が商用化の試運転を行った。さらに 2022 年 3 月の第 13 期全国人民代表大会の政府活動報告では、中国は「5G 大規模な応用を推進する」と世界に宣言するようになった。4 月 24 日には、広東省広州市南沙区で中国初の無人タクシー乗客運送営業許可が交付され、北京市でも政策先行区内の無人タクシーの申請受付を開始した。

## 図表 9-9　2021 年以降の中国 5G 政策

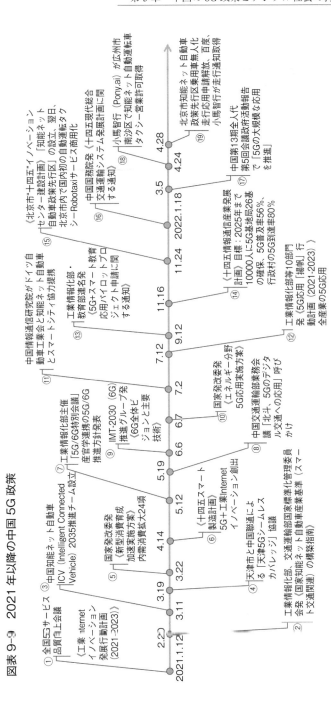

出典：中国工業情報化部（MIIT）・中国主要国家部門の公開資料、新聞報道などを基に筆者自作成

## （4）中国の 5G 政策形成過程と 5G の社会的役割

これまでの 5G 政策をタイムライン的に整理すると、以下の結論が導き出される。

(1) 5G の技術的進化過程をみると、中国は戦略性のある計画で技術開発、実証実験、ネットワークの整備から商用化へと展開してきた。5G の推進については、中国製造 2025 からはじまり、製造業、スマート製造、工業インターネットという基本的な方針は終始一貫している。後に医療健康、デジタル交通、知能ネット自動車、自動運転車へと応用を進めてきた。

(2) 5G の政策的指向性について考えると、その発展段階によってその指向性も変わってきたといえる。つまり、「加速」や「推進」、「促進」、「ネットワーク建設」などのキーワードが 2019 年 11 月の商用化まで続いたのち、2020 年 3 月から 2020 年 9 月までは「新型インフラ建設」、「インフラ整備」、が立て続けに進められた。この段階で 5G は、事実上「新型インフラ建設」の国家的施策に統合されることになり、さらに 5G の「応用」、「大規模な応用の推進」へとつながってきたという流れである(図表 9-7、9-8、9-9)。

中国でこのような 5G 政策が形成された背景には、2019 年末以降の COVID-19 のパンデミックが大きく関係している。コロナ対策を強いられるなかで、より有効なテクノロジーの活用が中国にとって最大の課題となった。ビッグデータや AI、ドローンなどのような新しいテクノロジーを必要場所に整備するには、5G のような大容量な情報通信ネットワークが必要不可欠であった。したがって、全国で整備されつつある 5G の情報通信網が中国の新しい情報通信の重要な社会基盤となり、新型インフラ建設のリード役となるのも必然性のあるものとしてとらえられよう。同時に、中国ではコロナ禍によって大きな打撃を受けてしまった 2020 年の国内経済状況を打開しようとして、中央政府による全国規模の 5G インフラの整備指示や 5G の消費や投資といった経済促進策が集中した。その意味においては、5G がリードする新型インフラへの投資は、この時期の経済発展停滞における内需拡大、消費促進の役割もあったと考えられる。

## 第 4 節　5G の応用事例

　4G までの時代とは違い、5G はモノとモノがつながって通信可能となったため、中国の社会を変えるものと位置づけられている。製造業、スマート工程、工業インターネットをベースにあらゆる伝統産業・新興産業の生産性向上、情報化、デジタル化について官民あげて取り組んでいる。産業向けの5G が全国 22 の重要産業で推進され、工業、製造業、鋼鉄、鉱山、電力、港湾、医療、4K/8K 放送、自動運転産業における活用事例が増えている。IMT-2020（5G）推進チームによると、製造業や工業インターネット関連の 5G の場合が最多、2021 年 10 月の時点で既に 1,500 件を超えた。ほかには集計できた事例として、138 の鋼鉄企業、194 の電力企業、175 の鉱山、89 の港湾、2 つの無人タクシー企業で 5G が実用化されている。

### （1）プライベート 5G

　産業向けの 5G については、中国ではプライベート 5G という。日本のように企業や自治体といった通信事業者以外が主体となって構築するローカル5G のような周波数は割り当てられていない。通信事業者は全国をカバーするパブリック 5G ネットワークとは別に、自社に割り当てられた 5G の周波数帯を使って、専用の 5G ネットワークを構築し、特定の企業など特定のエリアをカバーするネットワークとしてサービスを提供する形となっている。そのため、中国では産業向けのプライベート 5G については通信事業者が主導している。

　5G が商用化した翌年の 2020 年 7 月に通信事業者の中国移動、中国聯通、中国電信は、ネットワークスライシング技術と、クラウドを利用したプライベート 5G を発表した。中国移動社は工場や鉱山など 18 産業向けにプライベート 5G ソリューションを提案し、2021 年 11 月にはプライベート 5G システム 2.0 を再度発表した。2.0 はネットワーク能力、プライベート 5G サービス、設備システムの 3 つについて強化されていて、5G Advanced と 6G への計画も発表している。中国聯通社も同じく 2021 年に 5G プライベート

図表 9-10　産業向けプライベート 5G の構築件数

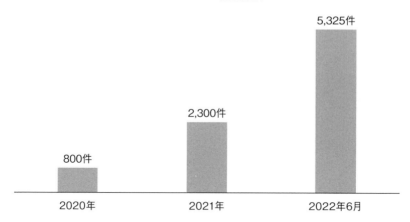

出典：中国工業情報化部（MIIT）・通信事業者の公開資料、新聞報道などを基に筆者作成

ネットワーク 2.0 を発表していたが、2022 年 3 月の MWC バルセロナ 2022 で 5G Private Network PLUS シリーズ成果を披露した。5G プライベートネットワークとエッジ相互接続機能、鉱山敷地内 5G プライベートネットワーク、5G スライシング技術・クラウドを活用したケースが多かった。

　中国移動、中国聯通、中国電信の 3 社はそれぞれのプライベート 5G を提案し、サービス提供している。3 社ともパブリック 5G にネットワークスライシング技術、クラウドを利用している。大きく分けて 3 つの構築パターンがある。パブリック 5G と完全にシェアする「虚擬専網（バーチャルネットワーク、ネットワークスライシングで実現）」、パブリック 5G の一部を特定の企業とシェアする「混合専網（ローカルである程度のデータ処理を行う）」、もう 1 つは、企業側に一部のネットワークを構築し、それをパブリック 5G とつなげて通信を実現する「独立専網（企業側で物理的に独立した通信網を整備）」がある。MIIT の集計では、通信事業者によるプライベート 5G の実用化が凄まじい勢いで伸び続けている。2020 年に 800 件しかなかったが、2021 年には 2,300 件、2022 年 6 月には 5,325 件となっている（図表 9-10）。

　中国ではプライベート 5G の応用を増やす重要なイベントがある。IMT–

2020（5G）が「ブルーミングカップ（綻放杯）」というユースケースコンテストを 2018 年から毎年全国規模で開催している。2021 年は全国ではブロック戦、特定テーマ戦、応用モデル戦など 34 回の会場で開催され、全国 31 の省レベル地域の 7,000 社から 1 万 2,281 件の応募があった。これまで 2018 年には 330 件、2019 年には 3,731 件、2020 年には 4,289 件であった。応募企業のうち、通信事業者（中国移動、中国聯通、中国電信、中国広電）全体の割合をみると、2018 年は 42％、2019 年は 61％、2020 年は 72％、2021 年は 66％であった（CAICT 2021）。

### (2) 自動運転

　自動運転は、自動車がカメラやレーダー、通信を使い、他の自動車、通行人、交通信号の情報を読み取り、そうした情報を人工知能（AI）が処理して自動車を操作することによって実現する。そのため、中国では「自動運転車」ではなく、その手段である通信（インターネット）と AI に着目して「知能ネット自動車（智能網連車）」と呼ぶことが多い（丸川 2022）。

　2020 年 2 月に国家発改委など 11 部門から「知能ネット自動車イノベーション発展戦略」が公布されている（図表 9-8）。同戦略のなかで、自動運転車の技術、産業エコシステム、インフラ、法規と標準、製品の認証システム、ネットワークの安全など自動運転を社会的に可能とする条件を整え、2025 年までには高度な自動運転を商業化し、2035 年から 2050 年の間に自動運転システムの全面的な完成を目標としている。

　実際、このような計画はかなりのスピードで進められた。2022 年 4 月時点で中国の無人タクシーが既に実用化している。2021 年 11 月 25 日、北京市智能ネット自動車政策先行区内で無人タクシーの Robotaxi サービスが商用化前の試運転を行った。2022 年 4 月 24 日、北京市での試運転を経た中国自動運転技術を手がける小馬智行（Pony.ai）が広東省広州市南沙区で中国初の無人タクシー乗客運送営業許可書の交付を受けた。小馬智行は 5 月から広州市南沙全域 800 平方キロ範囲内で有料のタクシーサービスを提供し、乗客が PonyPilot+App より利用可能になる。無人タクシーの営業時間は 8:30 から 22:30 で、広州市タクシー業界の統一利用料金でその営業範囲

図表 9-11　小馬智行（Pony.ai）の自動運転無人タクシー

出典：小馬智行（Pony.ai）社の公開宣伝資料（https://www.pony.ai, 2022 年 5 月 6 日閲覧）

を広州市全域に拡大する方向にある。

　一方、自動運転の標準についても 2017 年からさまざまな標準を制定していた。中国では SAE（Society of Automotive Engineers）International が作成した 0 級（自動運転なし）から 5 級（完全自動運転）のクラス分けしている「J3016」が使われることが多かったが、「J3016」への理解が一致しなかったため、結果的に、2021 年 8 月に中国独自の基準が公布され、2022 年 3 月から施行することになった。丸川（2022）によると、自動運転の普及に向けた制度整備のもう 1 つの例として、2022 年 1 月から新たに生産される全ての乗用車に「ブラックボックス」を搭載することが義務づけられた。事故が起きる前後の車の状態を記録する「イベントデータレコーダー」のことであり、その国家標準が 2022 年 1 月から施行された。自動運転車の事故が起きた時に、運転者の運転ミスによるものなのか、自動運転機能の欠陥によるものか、ネットワークの異常によるものかを客観的に判断する手段であった。そうした要請に応えるものとして、この「ブラックボックス」搭載の義務化が登場した。

　同じく 2017 年から、中国は無錫市で中国最初の国家級智能ネット自動車先行区を設置した。2018 年 11 月、MIIT が智能ネット自動車専用の周波数帯域を決定した。2019 年の 5G ライセンス交付後、無錫市と天津市の智能

ネット自動車先行区で C-V2X（Cellular-Vehicle to Everything）の通信安全認証と実証実験を進め、2020 年に「智能ネット自動車イノベーション発展戦略」を公布し、2021 年 3 月に中国 ICV（Intelligent Connected Vehicle）-2035 推進チームが設立された。C-V2X は自動車と関連する自動車、通行人、道路、信号機などと通信させる技術である V2X に属する技術標準である。V2X には無線 LAN 技術がベースとなる IEEE802.11p と、セルラー通信技術に基づく C-V2X の 2 つがある。C は「セルラー」の頭文字であり、LTE や 5G など移動通信技術を自動車に応用するものである。IEEE802.11p は IEEE、C-V2X は 3 GPP にて標準化が進められてきている。C-V2X には LTE がベースとなる LTE- V2X と NR-V2X が含まれる。C-V2X は携帯電話用に開発された 4G や 5G の IC を利用でき、また移動通信の基地局も活用できるので、特に 5G のインフラ整備が進んだ中国では低コストで自動運転が実現できるメリットがある。丸川（2022）によると、C-V2X 開発の中心になっているのは中国の大唐電信と華為である。

## (3) ライブコマース、メタバースショッピングと eSports

　コロナ禍以降の中国では「ライブコマース」が爆発的に流行した。感染リスクを避けるため、多くの対面販売が敬遠されるなか、ライブコマースが一気に広がったのである。特に 2021 年以降、よりデジタル化した新しい消費ユースケースが登場し、5G をベースとしたメタバース上のショッピング新体験も大きな注目を浴びるようになった。EC ポータルサイトでライブショーを開き、その場で演出やトークショなどを披露しながら商品や購入リンクの紹介し、観客と双方向なコミュニケーションを取りながらの真新しい販売方法だが、スマホ 1 台さえあれば誰でもできるようになっている。「2021 年中国 eSports 産業研究報告」（2021）によると、中国 eSports 利用者は 4.74 億、中国のインターネット EC 購買売り上げが世界一となっている。

　一方、通信事業者の中国電信が「天翼曇図」という自社プラットフォームを宣伝している。2020 年には華為や ZTE、CAICT と連名の『5G+ 五つ星ショッピングセンター白書』を発表している。「天翼曇図」はクラウドネットワーク経由で 5G、MEC、AR/VR、AI、高画質バーチャル空間やブロッ

クチェーン技術を利用し、このプラットフォーム上で新しい消費スタイルを
提案している。メタバースブームによって、多くの小売業者がメタバース
ショッピングに殺到している。2022年4月まで、約1,000のショッピング
モールと10万店舗相手向けに計3,000回以上のショッピングフェスティバ
ルを開催している。うち、北京デジタル経済体験週間や上海ショッピングフェ
スティバルなど、メタバース系の新しい消費スタイルをみせ続けてきた。中
国電信が提案したこの新しい消費体験は、ARクラウドGo、VRベース
Mall、AIデジタルクラウドライブ、ARランドスケープ、クラウド娯楽、
クラウドショッピングモールなど5Gをベースにした多くの体験シーンをプ
ロモーションしている。メタバース時代のショッピングは「人」、「もの」、「空
間」という3要素が揃っている。「人」のキャラクターと「空間」の個性化
もみられ、オーダーメイド化が進んでいるという。「天翼曇図」メタバース
ショッピングの新体験提案は、MIIT「新型情報消費モデルプロジェクト」
にも認定されている。5Gユースケースコンテストとして毎年中国全国規模
で恒例開催される「ブルーミングカップ」コンテストでは、これまで1位
や金賞、中国ショッピング業界最優秀技術イノベーション賞も受賞してきた。
　このような巨大な消費市場における通信環境をよくし、より経済的効果を
得られやすくするために、2021年秋から中国電信とプラットフォーマーの

図表9-12　中国電信社のメタバースショッピングモール

出典：中国電信社インタビュー記事（http://www.ccidcom.com/ , 2022年5月11日閲覧）

テンセントが共同開発を開始した。2022 年 4 月 19 日、両社が連名した形で「5G EC プライベートネットワークソリューション」を提案し、「5G+ ライブコマース聯合実験室」の成立を発表した。当日の発表によると、ライブ現場などには 5G のスモールセル基地局を設置したうえ、5G SA のネットワークとクラウドを利用することによって、リアルタイムなデータ管理・共有が実現でき、eSports やライブコマース、メタバースショッピング実況中の通信速度が飛躍的に向上した。

## 第 5 節　中国デジタル社会における 5G の社会的意義

　今日の中国社会にとって 5G は大きな意義をもつ。とりわけコロナ禍以降の 5G による新型インフラの整備ラッシュは中国デジタル社会の情報化を一気に進化させた。5G が中国デジタル社会のインフラの重要な一部となり、このような情報通信の社会基盤、インフラ整備によって個人利用者がより便利になり、企業、産業界の DX 化もより図りやすくなってきている。5G は多くの新しいテクノロジーが融合した形で必要な人、必要な場所に届けるための情報通信プラットフォームとなり、デジタル社会の新しいライフライン的存在になってきている。今後、5G の幅広い応用によって都市部と農村部のデジタルデバイドが改善され、より多くの人々へのユニバーサルサービスの提供が期待できるだろう。

〈参考文献〉
CNNIC（2022）「第 49 次中国インターネット発展状況統計報告」。
　http://www.cnnic.cn/hlwfzyj/hlwxzbg/hlwtjbg/202202/P020220407403488048001.pdf（2022 年 7 月 15 日閲覧）。
MIIT（2022）「2021 年通信業統計年報」。
項立剛（2019）『5G 時代』、中国人民大学出版社。
CAICT（2021）「5G 応用イノベーション白書」。
　http://www.caict.ac.cn/lrwyj/qwfb/rtbg/202112/P020211207595100290410.pdf（2022 年 7 月 15 日閲覧）。
丸川知雄（2022）「低炭素化・デジタル化と自動車産業─中国における"CASE"

の現状」近刊。

iResearch（2021）「2021 年中国 eSports 産業研究報告書」。

（華　金玲）

# 10章 韓国の5G政策と社会

## はじめに

　本章では、世界初 5G サービスを商用化した韓国の情報通信政策と 5G イノベーション事例を分析する。韓国は 1998 年世界初家庭向けブロードバンドを商用化し、その後官民協力でインターネット利活用やデジタル経済活性化を推進、ICT 強国へ跳躍した経験から 5G の経済効果に注目した。5G はインターネットの速度が速くなっただけでなく、膨大なデータを素早く伝送し、リアルタイムで全てをつなぐインダストリー 4.0 の核心インフラとして、自動運転、スマートファクトリー、ブレインレスロボット、AI ヘルスケア、仮想空間（メタバース）など新しい産業を生み出した。韓国の取り組みのなかからローカル 5G の事例に焦点を当て、5G が企業と社会に与えた影響を考察する。

## 第 1 節　韓国の情報通信イノベーション政策の変遷と 5G 政策

　OECD Digital Economy Outlook 2020 によると、韓国は OECD 加盟国のなかで最もブロードバンドが普及した国、最もインターネットの平均速度が速い国、最もモバイルデータ使用量が多い国などインターネット普及に関しては世界トップクラスである。1999 年から本格的にはじまった韓国政府のブロードバンド普及政策により、韓国は世界のテストベッドとして他の国に先駆け電子政府やスマート学校、スマートホーム、モバイルペイメントなどの非接触型社会を支えるサービスを多数提供し、イノベーションを起こし

た。アナログ経済からデジタル経済へ、追跡型経済からデジタル社会先導型
経済へ成長を目指した韓国政府のイノベーション政策の変遷と 5G 政策を分
析する。

### (1) 韓国のブロードバンド普及状況

OECD 加盟国の ICT 利活用状況やデジタル経済の国際比較を通じて政策
立案に役立つ情報を提供する『OECD Digital Economy Outlook 2020』に
よると、韓国はインターネット接続に占める光ファイバー接続の割合
(81.7%)、インターネットダウンロード速度（156Mbps）、一人当たりモバ
イルデータ使用量（月当たり 24.4GB）などインターネット利活用に関して
は加盟国平均を大きく上回り長年トップを維持している。

韓国放送通信委員会が毎年公表している「放送媒体利用行態調査」による
と、世帯スマートフォン保有率は 2018 年 89.4%から 2021 年 93.4%に増加、
日常生活に欠かせない必需媒体としてスマートフォンを選択した人は 2018
年 57.2％から 2021 年 70.3％に増加、TV を選択した人は 37.3％から
27.1％へ減少した。2014 年までも TV を選択する人が最も多かったが
2015 年からスマートフォンに変わった。週 5 日以上スマートフォンを使用
す る 割 合 は 2021 年 10 代 99.7％、20 代 99.3％、30 代 98.6％、40 代
98.7％、50 代 96.5％、60 代 88.4％、70 代 54.3％だった。統計から韓国
は年齢に関係なく活発にインターネットを利用していることがわかる。

図表 10-1　韓国のインターネット利用率推移

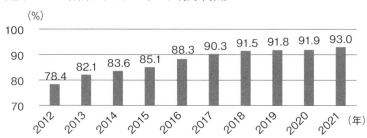

出典：韓国統計庁
　　　（https://www.index.go.kr/potal/main/EachDtlPageDetail.do?idx_cd=1346,
　　　2022 年 5 月 19 日閲覧）

図表 10-2　韓国のスマートフォン保有率（％）

| | 2012.11 | 2013.11 | 2014.11 | 2015.11 | 2016.11 | 2017.7 | 2018.7 | 2019.7 | 2020.8 | 2021.6 |
|---|---|---|---|---|---|---|---|---|---|---|
| 20代 | 95 | 99 | 98 | 99 | 99 | 100 | 100 | 100 | 99 | 100 |
| 30代 | 91 | 96 | 96 | 97 | 99 | 99 | 99 | 99 | 100 | 99 |
| 40代 | 77 | 84 | 90 | 96 | 98 | 99 | 99 | 99 | 99 | 100 |
| 50代 | 54 | 68 | 81 | 89 | 93 | 97 | 96 | 99 | 98 | 99 |
| 60代以上 | 20 | 27 | 41 | 53 | 70 | 76 | 77 | 76 | 78 | 83 |

●20代　●30代　●40代　●50代　●60代以上

出典：韓国 Gallup のデータを基に筆者作成
（https://www.gallup.co.kr/gallupdb/reportContent.asp?seqNo=1217,
2022 年 5 月 9 日閲覧）

## (2) 韓国の情報通信イノベーション政策の変遷

　韓国が ICT 強国を自負するようになった背景には、官民協力でインターネット利活用やデジタル経済活性化を推進してきた情報通信イノベーション政策がある。代表的な政策をまとめたのが図表 10–3 である。

## (3) 韓国の 5G 政策

　韓国は 2018 年 2 月平昌冬季五輪大会で世界初 5G テストサービス実施、2018 年 12 月世界初 B2B 向け 5G サービス商用化、2019 年 4 月 3 日世界初スマートフォン向け 5G サービス商用化を行った。5G サービス商用化までは技術開発や国際標準協力、周波数割り当てなどインフラ造成のための政策を重視した。商用化以降は 5G の普及と 5 G を利用してイノベーションを起こすための実証実験を支援する政策に取り組んでいる。

　2019 年からはじまった 5G の利活用を推進する「5G ＋戦略」では、「5G はインターネットの速度が速くなっただけでなく膨大なデータを素早く伝送しリアルタイムで全てをつなぐインダストリー 4.0 の核心インフラ」「5G は超高速・超低遅延・超連結の特徴があり、人と人の通信を越え全てのモノをつなぐ。新しいサービスや通信装備などの新産業を創出する。公共・社会全般の革新的変化を導く原動力として国民の生活の質向上に大きく寄与す

図表 10-3　韓国の主な情報通信イノベーション政策

| 年度 | 政策 | 目標 | 主な内容と成果 |
|---|---|---|---|
| 1975 | 行政電算化基本計画 | 行政システムの電算化 | 行政業務効率向上 |
| 1984 | 国家基幹電算網基本計画 | データ通信の基礎作り | 行政、金融、教育・研究、国防、公安の 5 大電算網開発 |
| 1996 | 情報化促進基本計画 | 高速情報通信網早期構築で情報通信先進国になる | 1995 年制定した情報化促進基本法に基づき通信網の拡大と高速化を推進<br>情報通信産業基盤造成<br>1997 年経済危機により政策修正 |
| 1999 | CYBER KOREA 21 | 創造的知識基盤国家建設<br>2002 年まで全国情報インフラを拡充する | 全国情報インフラ・ブロードバンド早期構築<br>情報インフラを活用した政府・企業・個人の生産性向上と雇用創出<br>1999 年 4 月世界初 ADSL サービス開始<br>2000 年 12 月全国小中高校にインターネット普及<br>2001 年ブロードバンド普及率OECD 加盟国 1 位達成 |
| 2001 | 電子政府法制定 | 知識情報化時代の政府競争力向上と対国民サービス改善 | 大統領直属電子政府特別委員会構成<br>行政業務を全てデジタル化<br>2010 年〜 2014 年国連電子政府評価 1 位 |
| 2008 | 国家情報化基本計画<br>2008 〜 2012 | 創意と信頼の先進知識情報社会実現 | インターネット TV、個人放送局など放送通信融合サービスを支える通信インフラ高度化投資 |
| 2013 | 国家情報化基本計画<br>2013 〜 2017 | 創造経済実現と国民が幸せな大韓民国建設 | クラウドコンピューティング、IoT活性化<br>2014 年より世界初 5G 商用化目標、国際標準研究協力 |

（図表 10-3　つづき）

| 2018 | 国家情報化基本計画 2018 ～ 2022 | 知能化革新の便益を国民全てが享受 | 医療・福祉・教育の個人化サービス提供<br>知能化技術で犯罪・災害事前予測<br>データ経済活性化 |
|---|---|---|---|
| 2018 | D・N・A 戦略 2018 ～ 2022 | DATA・NETWORK・AI エコシステム造成 | 公共データを公開しデータダムを造成、収集したデータを円滑に送受信し利活用するため 5G インフラ造成に注力<br>自動運転やスマートファクトリー、ヘルスケアなど 5G と AI を融合したサービスの実証実験をサポートし民間のデジタルトランスフォーメーションを促進<br>2019 年 4 月スマートフォン向け 5G 商用化 |
| 2020 | 韓国版ニューディール総合計画 2020 ～ 2024 | 追跡型経済から先導型経済へ | D・N・A 強化<br>AI・ロボットなど非接触型・非対面型サービス活性化支援<br>6G 研究支援本格開始 |

出典：National Information Society Agency（Korea）（2022）*2021 National Intelligent Information White Paper* を基に筆者作成

る」と説明した。

　5G ＋戦略は 5 大核心サービスとして①スマートファクトリー②自動運転車③実感コンテンツ（XR）④デジタルヘルスケア⑤スマートシティを指定、複数の省庁が協力しビジネスモデルを開発するための実証実験サポートが始まった。政府機関がテストベッドとなり 5G を救急医療や地域防災システム構築などで利用、4G と 5G でどのような差があるのかを比較するトライアルを行い、ビジネスモデル作りをサポートする。韓国経済は輸出中心であるため、5G 関連サービスや通信装備社が政府の実証実験をユースケースにして、海外で営業できるようセールス外交にも力を入れる。また一般ユーザーが早期に 5G を気軽に利用できるようにするため制度改善を行い、5G 料金プランを増やし、MVNO（格安スマホ）も 5G 料金プラン発売するよ

うにした。

「5G＋戦略」の後続として2021年より、「5G＋総合サービス拡散戦略」が始まった。実証実験を実験で終わらせることなくビジネスにつながるようにするための戦略である。さらに5Gで新型コロナウィルス感染症対策や社会の課題解決も試みた。仮想の世界で自分の分身であるアバターを使い交流するメタバース（Metaverse）を利用した大学のメタバース入学式、メタバース就職説明会、メタバース地域特産品マーケットなど、新型コロナウィルス感染症防疫のためリアルな世界では交流できない人達を仮想世界でつなぐサービスも本格的に登場した。韓国ではインターネットを使うオンライン空間の次に5Gベースの新しい仮想空間メタバースがイノベーションの場になるとして注目している。

## 第2節　韓国の情報通信ネットワークロードマップ

韓国の5G商用化まで移動通信システムの進化をみると、韓国はアナログ方式音声通話中心の1Gに当たる自動車電話サービスの開始は他の国より遅い1984年に始まった。デジタル方式の2Gでは遅れを取り戻すため1996年CDMA（符号分割多元接続）を世界初実用化、1997年から小型携帯電話端末が多数登場し韓国の移動通信加入者が増加、携帯電話端末の輸出も飛躍的に伸びた。2002年には3Gの国際標準W-CDMA（広帯域符号分割多元接続）でも世界をリードするようになり、2006年からは本格的に3Gサービスを開始、携帯電話からデータ通信で多様なマルチメディアを利用できるようになった。

ところが韓国はスマートフォンの発売はまた世界に遅れ、2009年11月に「iPhone3GS」が発売された。2010年6月にはサムスン電子のスマートフォン「Galaxy S」シリーズが発売、スマートフォン時代の幕開けとなった。「Galaxy S」のヒットにより、2011年サムスン電子の携帯電話世界出荷量は年間3億台を突破した。

2011年商用化した4G LTE（Long Term Evolution）をめぐっては通信

キャリア 3 社が各自違う 4G 技術開発を進めていたこともあり、基地局整備に着手するのが遅れたが、2012 年 6 月には全国で利用できるようになった。4G LTE が始まってから韓国で多様なメーカーからスマートフォンが販売されるようになり、高画質動画配信、ライブ配信、動画投稿サービス、ソーシャルメディア、VR/AR など新たな B2C サービスが生まれ人気を得た。韓国の通信キャリアは 4G サービス開始後、周波数確保のため徐々に 2G サービスを終了した。

　韓国は CDMA、W-CDMA で世界をリードしたことから携帯電話端末と通信装備が 3 大輸出品目にまで成長、韓国が ICT 強国として認識されるきっかけになった。このことから、韓国政府と通信キャリアと通信装備会社などは 2014 年より世界初 5G 商用化に向けたロードマップを確定、国際標準制定をめぐる研究活動を熱心にはじめた。

　2015 年 11 月韓国最大手通信キャリアであり平昌冬季五輪大会通信分野の公式パートナーである KT（Korea Telecom）は 5G 世界初商用化に向けサムスン電子・エリクソン・ノキア・インテル・クアルコムといったグローバル通信装備ベンダーと協力し 5G-SIG（5G Special Interest Group）を結成、2016 年 6 月世界初となる 5G 通信規格「KT 5G-SIG」を策定した。最高速度 20Gbps、通信遅延 1ms（1 万分の 1 秒）以下、周波数帯域 27GHz の 800MHz 幅など、国際移動通信標準化機構である 3GPP で議論された 5G の核心要素を守った KT 5G-SIG に沿って 2018 年 2 月平昌冬季五輪大会での世界初 5G テストサービスに向けた装備や端末を準備した。3GPP は 2017 年 12 月と 2018 年 6 月に 5G 標準規格を策定したため、平昌冬季五輪大会に間に合わなかった。

　平昌冬季五輪大会では会場に 5G 体験スペースが設けられ、世界初 5G 放送中継・5G 高画質ストリーミングなど 5G テストサービスを提供した。5G にアクセスしたスマートフォンとタブレット PC を使い新しいスポーツ中継を体験できるようにした。中継画面を止めて回転し他の角度から鑑賞したり選手の姿を拡大したりできるインターラクティヴタイムスライス、選手の体や運動器具に取り付けた超小型カメラの映像をリアルタイム受信するシンクビュー、360 度 VR ライブとタイムスライス中継など、大容量の超高画質

映像をリアルタイムで遅延なく送信できる 5G の特徴を体験できるようにした。

　韓国政府は 2018 年 6 月に、28GHz の 2400MHz 幅（26.5 ～ 28.9GHz）と 3.5GHz の 280MHz 幅（3.42 ～ 3.70GHz）の 5G 周波数割り当てオークション、基地局と端末の電波認証を行い、国際電気通信連合（ITU）に韓国の 5G テストサービスを踏まえて 5G 技術国際標準を提案した。2018 年 12 月には、5G 電波発射、世界初 5G MHS（Mobile Hot Spot）方式で B2B 向け商用化、5G 対応スマートフォンの発売に合わせ 2019 年 4 月 3 日世界初スマートフォン向け 3.5GHz 帯域 5G 商用化サービスを開始した。2021 年からは超高速・超連結・超低遅延という 5G の特徴を本格的に実現する 28GHz 帯域でのサービスを開始した。28GHz 帯域は当分スマートファクトリーや AI 災害モニタリングといった B2B 向けに使う。企業が通信キャリアを経由せず独自に周波数を申し込み、5G ネットワークを運用できる「5G 特化網（ローカル 5G）」制度も始まり 28GHz 帯域と 4.7GHz 帯域の割り当てを行った。

　KT と韓国政府は、韓国企業が主導する規格が国際標準に反映され技術主導権を保てるよう、幅広い協力体制を構築した。韓国政府は素晴らしい技術を開発しても国際標準に採択されず韓国内だけで使用する技術は成長しないことを経験済みのため、5 G の世界初商用化で国際標準をリードすることが 5G 産業全般をリードすることであり、輸出が増え経済活性化につながるとみていた。世界初商用化実績を元に 2018 年以降通信装備産業も成長した。2020 年サムスン電子は、米国で加入者が最も多いベライゾン（Verizon）に 66.4 億ドル規模の 5G ネットワーク装備を輸出した。通信装備輸出としては歴代最大規模の契約である。その後も韓国企業は世界に先駆けた 5G サービスの経験を高く評価され、世界の通信事業者に輸出を続けている。

　4G LTE から 5G へ新しい移動通信システムを構築するには莫大な投資が必要である。韓国内では、通信キャリア 3 社のネットワーク共同利用による農漁村 5G カバレッジを拡大も進んでいる。A 社の 5G に加入した人が、A 社の 5G 基地局が近くにない場合でも、B 社または C 社の 5G 基地局につながり A 社の 5G サービスを利用できるようにするものである。また、よ

り柔軟に 5G カバレッジを拡大できるよう違うメーカーの基地局と無線装備が連動するようにするオープンなネットワーク「Open Ran」構想もあり、世界の通信事業者が協力している。

## 第 3 節　韓国の世界初 5G 商用化と利用状況

　韓国は 1998 年世界初ブロードバンド商用化により ICT 強国へ跳躍した経験から、5G もいち早く商用化した。5G 商用化以降、韓国では 5G ならではのサービスとして自動運転、ヘルスケア、スマートファクトリー、スマートファーム、交通システムと先端運転者支援システムの連携、サイバーセキュリティ、AI を利用したデータ分析、クラウドゲーム、デリバリーロボット、仮想空間（メタバース）向けコンテンツ制作などが活発になった。

　5G を利用できるエリアは拡大し、5G 対応スマートフォンの多様化、格安スマートフォン（MVNO）を含め料金プランが多様化したことで加入者は着実に増えている。

　科学技術情報通信部（部は省に当たる）の「2022 年 3 月無線通信サービス加入者統計」によると、2022 年 3 月末時点で移動通信加入件数は 7,384 万 8,250 件、この内 5G は 2,290 万 6,213 件で約 31％、LTE は 4,750 万 7,166 件で約 64％を占めた。加入者 1 人当たりモバイルデータトラフィックを比

図表 10-4　韓国の 5G 加入者推移（単位：人）

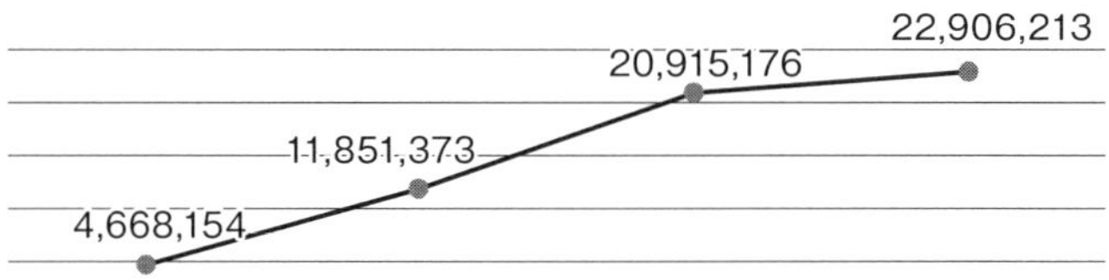

| | 2019.12 | 2020.12 | 2021.12 | 2022.3 |
|---|---|---|---|---|
| 5G | 4,668,154 | 11,851,373 | 20,915,176 | 22,906,213 |

出典：韓国科学技術情報通信部（省）
（https://kosis.kr/statHtml/statHtml.do?orgId=127&tblId=DT_127006_B002&conn_path=I2, 2022 年 5 月 9 日閲覧）

図表 10-5　韓国の 5G/4G 加入者当たりデータトラフィック推移（単位：MB）

| | 2019.12 | 2020.12 | 2021.12 | 2022.3 |
|---|---|---|---|---|
| 5G | 27,282 | 26,744 | 26,834 | 27,269 |
| 4G | 9,753 | 9,650 | 8,619 | 8,150 |

出典：韓国科学技術情報通信部（省）
　　　（https://kosis.kr/statHtml/statHtml.do?orgId=127&tblId=DT_127006_
　　　C002&conn_path=I2, 2022 年 5 月 9 日閲覧）

図表 10-6　ソウル駅周辺で 5 G基地局工事が行われている様子

出典：SK Telecom

較すると、5G 加入者は 27,269MB、LTE 加入者は 8,150MB と、5G 加入
者がLTE の 3 倍以上多い。5G はデータ使い放題料金プランが多く、メタバー
ス・VR や 4K 動画など大容量コンテンツも負担なく利用できることから
データトラフィックはどんどん伸びている。

## 第4節　韓国の B2B ローカル 5G 動向

　韓国での B2B の 5G 利用は、企業専用 5G（プライベート 5G）と 5G 特化網（ローカル 5G）がある。企業専用 5G は、通信キャリアが自社に割り当てられた周波数帯を使い企業や自治体の敷地内に必要な帯域の 5G ネットワークを提供、該当企業や自治体だけが使える 5G ネットワークを構築することである。5G 特化網は企業や自治体が自ら周波数割り当てを申請し免許を取得、特定区域で使える 5G ネットワークを独自に構築することである。いずれも一般の利用者向けのパブリック 5G と切り離すことで、セキュリティを高めた。

### (1) 韓国のプライベート 5G 事例

　企業専用 5G（プライベート 5G）は通信キャリアの 5G ネットワークを利用するが、企業ごとに専用ネットワークがあり、そのなかで予め登録されたデバイスのみアクセスできるようにし、データを外部に流出しないようパブリック 5G とは切り離している。企業は使用したデータトラフィックに応じて、費用を払う仕組みになっている。

　中小企業がプライベート 5G で生産性を向上させた事例は、いくつもある。自動車部品を製造するミョンファは、5G 加入第 1 号中小企業として知られる。2018 年 12 月より 5G と AI マシンビジョンを導入、生産した部品がコンベアベルトの上を通る際に多角度で写真を撮影し、5G でクラウドサーバーに伝送する。サーバーにある AI が写真を判読して、不良品を選別する。AI が結果をロボットに伝送すると、ロボットがコンベアベルトから不良品を取り除く。一連の過程は 8 秒以内で終わる。ミョンファ工業は 5G 導入後、5G と AI によるデータ分析で不良率は 40%減少、生産性は 2 倍向上し生産原価を 15%節減できたとした。SK ハイニックスの半導体工場も 5G と AI マシンビジョンで半導体集積回路の材料となるウェーハの検品を行い、検査にかかる時間を短縮した。

　現代重工業は 700 万 m$^2$ 規模の蔚山造船所にプライベート 5G を導入、AI

を搭載した防犯カメラが事故の予兆を感知し、素早くセキュリティ担当者に通報したり安全道具着用を確認する。ARグラスを着用して管制センターにいる熟練者の指示を受ける機能も、5Gで動画や図面など複数の資料を同時

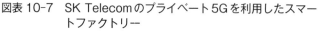

図表10-7　SK Telecomのプライベート5Gを利用したスマートファクトリー

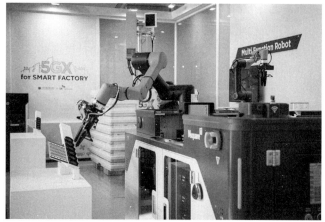

出典：SK Telecom

図表10-8　龍仁セブランス病院の5G自動運転防疫ロボット

出典：龍仁セブランス病院

に表示できるようにした。

　韓国水力原子力発電は、プライベート 5G で非常通信網を確保した。発電所の固定通信システムに障害が発生した場合、数秒内でプライベート 5G に切り替え発電所の稼働を続ける仕組みである。

　行政都市の世宗(セジョン)市は 5G ベースの V2X(Vehicle-to-Everything 車・車間および道路・車間コミュニケーション) による自動運転シャトルバスを運行している。4GLTE より早く反応する超高速・超低遅延の特徴を生かし、周辺車両や道路状況、信号情報を 5G で受け取りながら世宗市高速バスターミナルから政府庁舎までの 4.8km 区間を時速 50km で運行している。

　2020 年 3 月開院、韓国初プライベート 5G を導入した龍仁セブランス病院は、デジタルトランスフォーメーション病院として 5G ベースで院内システムを改善し、セキュリティ、患者の便宜、患者の満足度を高め、リスク、待ち時間は減らした。2021 年 4 月には 5G 自動運転防疫ロボットを導入、ロボットが院内を回りながら AI で顔を識別してマスクをきちんと着用するよう声をかけたり、体温を測定したり、人の密度が高くなるとソーシャルディスタンスを守るよう案内したり、紫外線消毒したりする。血液や検体、薬剤を運ぶロボットもあり、病棟の患者管理システムや医療装備も 5G ベースでモバイル化した。患者にもモバイルセンサーを付け、5G でモニタリングしている。

## (2) 韓国のローカル 5G 事例

　韓国政府は 5G 利活用による全産業のイノベーション促進と世界最高の5G エコシステム造成を目標に 2019 年「5G＋戦略」、2020 年「デジタルニューディール」、2021 年「デジタルニューディール 2.0」を発表した。5G の 5大核心サービスとして「実感コンテンツ」、「自動運転」、「スマートファクトリー」、「スマートシティ」、「デジタルヘルスケア」を指定し、主に大規模なテスト事業によるビジネスモデル確保、技術事業化、市場創出、技術高度化を支援している。

　5G 普及により期待されている分野の 1 つが、自律型 IoT である。IoT でデータを集める、単純にモノとモノがつながるだけなく、5G と AI により

モノ同士がデータ収集・管理・分析・予測・実行などをリアルタイムで行い、自律的に協業して問題を解決するのが自律型IoTである。韓国政府は、2021年から2027年まで自律型IoT核心技術開発事業に4,684億ウォンを投資することにした。IoTの利用も活発で、科学技術情報通信部の「無線通信サービス統計」によると、IoT加入回線は2019年12月8,083,767件から2021年12月12,929,224件へ増加した。

　2021年11月からはB2Bでの本格的な5G活用のため5G特化網（ローカル5G）が始まり、周波数4.7GHz帯域100MHz幅（4.72~4.82GHz）と28GHz帯域600MHz幅（28.9~29.5）を割り当てた。4.7GHz帯域は10MHz幅ずつ10ブロック、28GHz帯域は50MHzずつ12ブロックに分けた。韓国政府は5Gの競争力確保のためにも通信キャリア3社のみ5Gネットワークを運用するのではなく、公共機関や民間企業が5Gを構築できるようにする方針である。

### 4.2.1　韓国のローカル5G事例　NAVER社

　韓国最大手インターネットサービス会社のネイバー（NAVER）は、2022年3月韓国初5G特化網（ローカル5G）ビルを完工した。2021年12月に28GHz帯域600MHz幅（28.9～29.5GHz）、4.7GHz帯域100MHz幅（4.72～4.82GHz）の割り当てが行われ、周波数利用対価として5年分1,473万ウォンを支払った。NAVERは、ロボットの核心は空間データ収集と処理能力、それをリアル空間にいるロボットにスムーズにつなげることであり、これを実現するためにアップロード速度が重要なため、28GHzと4.7GHzを同時に使う5G特化網が必要だとした。

　NAVERの5G特化網ビルは、第2社屋として使う韓国初ロボットフレンドリービルでもある。ビル内ではNAVERのAI研究組織NAVER Labsが開発したAI・ロボット・デジタルツインを融合し、リアルとデジタル世界のデータとサービスがつながる「ARCVERSE」と5Gブレインレスロボット「Rookie」を100台以上使う。

　ARCVERSEは、第2社屋となかで働くロボットを丸ごとデジタル世界に再現し、管理する機能をもつ。Rookieは、目の役割をするARC eyeと脳

の役割をする ARC brain でつながっている。GPS を認識できない室内でもロボットに正確な経路を教え、タスクを遂行させる。ARC がセンサーとコンピューティングパワーの役割をすることで、ロボット本体の制作単価は下がった。ARC をアップデートすれば同時に全てのロボットが賢くなるので、どんなにたくさんのロボットを稼働させても、アップデートに時間はかからない。Rookie はロボット専用エレベーターに乗り、郵便物や業務用デバイスなどを社員に届ける。社内カフェに注文すると、コーヒーやサンドイッチなどもロボットが届ける。顔認識で注文者を確認できる。

　デジタルツインのための三次元スキャニング・マッピングロボット「M2」、人の上半身を再現した両腕ロボット「AMBIDEX」もテストしている。M2 は NAVER 初のロボット M1 の改良版で、データ収集視点を変更できるのが特徴だ。サービスロボット向けのマッピングの際には、目線を低くしてデータを収集、AR ナビゲーションのように人のためのマッピングの際には、目線を高くしてデータを収集する。この方式でデータの正確度と活用度が大きく改善した。また走行の安定性もよくなり、室内だけでなく室外のデータも収集できるようになった。回転する際の半径をより小さくし、エアーサスペンションで衝撃も緩和した。ハードウェアとソフトウェアのモジュールを別途開発し、プロジェクト別にモジュールを付け加えたり取り除いたりできるように M2 の活用度を高めた。このマッピングロボットを活用し、NAVER はソウル市と「ソウル市 3D マップ」、「江南地域自動運転用 HD マップ」を制作した。日本ではソフトバンクと協力し、HD マップ制作プロジェクトを進めた。

　韓国政府もスマート政府庁舎事業の一環として、デジタルツインに関心をもっており、2022 年には 157 億ウォンの予算で行政都市であるセジョン市の政府庁舎に、デジタルツイン・ビッグデータ・AI を適用した。室内外全防犯カメラのリアルタイム管制、施設物運営エネルギー使用データプラットフォームなどを構築し、予測による前倒し整備で維持補修の効率化と予算の節約を図る。セジョン市を皮切りに全国の政府庁舎をスマート化する予定である。NAVER のマッピングロボットは、こうした政府のプロジェクトでも活躍するとみられている。

図表 10-9　NAVER のロボットフレンドリービルで使用中のブレイン
　　　　　　レスロボット

出典：NAVER

　AMBIDEX は、人の動作を精密に具現するためロボットアームに胴体を
追加し、より細かく力加減を調整して動けるようにした。Rookie が物を運
び、AMBIDEX がそれを取り出して人に渡したり一緒に使ったりするといっ
たことも考えられる。第 2 社屋をテストベッドにして、RaaS（Robot as a
Service）を多様な産業分野へ提供するという事業拡大目標もある。
　第 2 社屋では、AI ヘルスケア研究のため社員専用の病院も入居する。予
約や問診はスマートフォン経由で行い、医者とは対面診療を行うが医者が話
した内容を NAVER の AI である CLOVA が音声を認識して電子医務記録を
作成、5G/AI クラウドベースで管理する。ビル内のロボットが介護補助を
行う。テストでは患者は同じ話を何度も繰り返さなくていいので満足度が高
く、医者もチャートの記録に時間を取られないので満足度が高いという。
　NAVER はハイパースケール AI（超巨大言語モデル）が 5G 特化網経由で
ロボットを制御するスマートファクトリーも始める。韓国空港公社とも協力
し、5G 特化網ベース空港施設専用ネットワーク構築の実証実験も行ってい
る。

### 4.2.2　韓国のローカル 5G 事例　ソウル市

　ソウル市はバス専用車線 151km に IoT センサーと 5G センサー 1,735 個を取り付け、バス・タクシーに 5G 先端運転者支援システムを搭載した。IoT センサーが収集する情報は 1 日平均 6,700 万件で、これをリアルタイムで AI が分析し事故防止に役立てている。

　ソウル市の他に自治体別に 5G 特化網を構築し、ドローンによるインフラ維持管理、屋内外を移動する配送ロボットによる無人販売、メタバース (metaverse) を利用した教育や遠隔会議システム、5G と AR グラスを利用して患者の状況や医療データを送受信できる救急医療システムなどを準備している。

## 第 5 節　韓国の 5G 商用化後の政策・社会の変化と意義

　5G はインターネットの速度が速くなっただけでなく、社会を超高速、超低遅延、超連結の特徴から今までできなかったデータ連結、AI・ロボット活用などを可能にし、イノベーションを起こす基本的なインフラになっている。普及率や利用側面から、韓国は 5G、IoT、AI などの先進的な ICT をベースに、人と人、人とモノ、モノとモノが互いにつながった超連結社会に成長したといえる。

　韓国政府は 5G 世界初商用化サービスを始めてからも、DNA（DATA・NETWORK・AI）エコシステム造成に向け技術投資を続けている。多様な実証実験を繰り返し、5G をベースに新しい技術を導入できるよう自動運転、医療、教育、防疫、データ利活用などで制度が現実のイノベーションを阻害しないよう制度を見直してきた。2021 年には「国家必須戦略技術選定及び育成・保護戦略」を発表し、政府が後押しする 10 大国家必須戦略技術として①5G・6G ②AI ③ロボット④半導体・ディスプレイ⑤二次電池⑥水素⑦量子⑧バイオ⑨宇宙・航空⑩サイバーセキュリティを選定した。

　世界各国で保護主義的傾向が高まり、経済安全保障の戦略が重視されるなか、デジタル経済の重要な資源である 5G・6G 技術を確保し、技術主導権

を確保して国際協力するという立場を示した。

　5G の次に来る 6G は、2028 年商用化が見込まれている。韓国政府は 2020 年 8 月、「6G 移動通信時代先導のための未来移動通信研究開発戦略」を発表した。「想像が現実になる 6G 時代先導」をキャッチフレーズに、2026 年まで世界初 6G テストサービス開始を目標に衛星通信技術開発、国際規格、特許取得など 6G の研究開発に取り組んでいる。

〈参考文献〉

The Ministry of Science and ICT (Korea) (2019) *5G+Strategy to Realize Innovative Growth.*
　https://doc.msit.go.kr/SynapDocViewServer/viewer/doc.html?key=5c8442d715d6466084e9ff839584acf4&convType=img&convLocale=ko_KR&contextPath=/SynapDocViewServer（2022 年 5 月 9 日閲覧）

OECD (2020) *OECD Digital Economy Outlook 2020.*
　https://www.oecd.org/digital/oecd-digital-economy-outlook-2020-bb167041-en.htm（2022 年 5 月 9 日閲覧）

National Information Society Agency (Korea) (2022) *2021 National Intelligent Information White Paper.*
　https://www.nia.or.kr/common/board/Download.do?bcIdx=24215&cbIdx=44086&fileNo=2（2022 年 5 月 9 日閲覧）

（趙　章恩）

# 11章 日本の5G政策と社会

## はじめに

　本章では、携帯電話の誕生から 5G 導入までのモバイル通信の進化を振り返り、日本を含む主要国のブロードバンド基盤全般と 5G の普及の現状を明らかにする。そのうえで、現行の 5G 政策について、日本と諸外国とりわけ欧州の間の共通点や差異を論じる。日本の 5G 政策の大きな特徴は、ローカル 5G 制度の整備が世界的にみても進んでいることにあるが、同様に整備が進んでいるドイツのローカル 5G（「キャンパス 5G」）の現状を比較検証する。最後に、日本の重要な政策目標である Society5.0 の実現に向けて、全国レベルとローカルレベルの 5G システム（ネットワーク）のシームレスな連携が重要であることを指摘する。

## 第 1 節　モバイル通信の進化と 5G サービス

　日本における移動体通信（以下、モバイル通信）は、1979 年にアナログ方式で第 1 世代（1G）の商用サービスがはじまった（当時は自動車電話）。その後、図表 11–1 の通り、1993 年にデジタル方式の第 2 世代（2G）のサービスが開始されて以降、5 〜 10 年ごとに世代交代を繰り返してきた。下り速度の最大値は、3.9G 以降は概ね前世代の 10 倍程度に進化している。

図表 11-1　日本のモバイル通信の世代交代（デジタル方式）

| 世代 | 2G | 3G | 3.5G | 3.9G | 4G（LTE） | 5G |
|------|----|----|------|------|-----------|----|
| 開始時期 | 1993年 | 2001 | 2006 | 2010 | 2015 | 2020 |
| 最大速度<br>Mbps（注） | 0.01Mbps | 0.38 | 14 | 150 | 1,000<br>（1Gbps） | 10,000<br>（10Gbps） |
| 速度の進化 | − | 38倍 | 37 | 11 | 6.7 | 10 |

（注）最大速度は比較のためすべて「Mbps」に換算。
出典：神野（2020）を基に筆者作成

　5Gは2019年4月に米国、韓国で商用サービスがはじまり、日本も翌年4月に開始するなど、多くの主要国で順次導入が進んでいる。総務省の令和2年版の情報通信白書（総務省, 2020）によれば、各国の導入時期や基盤整備（カバレッジ）などの状況は図表11-2の通りである。総務省は同白書において「日本で本年（2020年）から商用開始された5Gは、IoT時代の基盤として、様々な分野・産業で実装されることによって、従来以上の大きな社会的インパクトをもたらすものと期待」と説明している。

図表 11-2　主要国の5G導入時期とカバレッジ

| 国 | 商用サービス開始時期 | カバレッジ（当初計画） |
|----|---------------------|----------------------|
| 日本 | 2020年3月 | 免許認定（2019年4月）から5年以内に97%（NTTドコモの場合） |
| 中国 | 2019年11月 | 2019年に主要50都市で開始 |
| 韓国 | 2019年4月 | 2019年（人口の90%）、2022年（全国ネットワーク構築） |
| 米国 | 2019年4月 | 2020年までに全国展開 |
| 欧州 | 2019年5月（英国）、同6月（スペイン、イタリア）、同7月（ドイツ）など | 2025年までに主要都市間の交通路をカバー |

出典：総務省（2020）から筆者作成。日本は各種資料から筆者が作成

5Gの特徴は「超高速」、「超低遅延」、「多数同時接続」と説明されるが、その詳細は図表11-3の通りである。これらの特徴を最大限に発揮するためには、周波数の効率的な割り当てが必要であり、各国はそのための周波数調整に工夫を凝らしてきた。

図表11-3　5Gの3つの特徴

| 3つの特徴 | 性能 | 4G（LTE）との比較 |
|---|---|---|
| 超高速 | 最高伝送速度は10Gbps | 10倍 |
| 超低遅延 | 1ミリ秒程度の遅延 | 10倍 |
| 多数同時接続 | 100万台/km$^2$の接続機器数 | 30〜40倍 |

出典：総務省（2020）から筆者作成

欧州委員会（EC）の資金援助のもとに運営されている「European 5G Observatory」という組織は、ECの5G政策目標の加盟国における達成状況の監視を目的としているが、世界の主要国の2022年1月時点の5G周波数の割り当て状況を図表11-4のようにまとめている（European 5G Observatory, 2022）。

図表11-4　主要国の5G周波数の割り当て

| 国 | ローバンド<br>1GHz以下 | ミッドバンド<br>1〜6GHz | ハイバンド<br>6GHz以上 |
|---|---|---|---|
| 日本 | | 3.6/3.6-4.1/4.5 GHz | 28 GHz |
| 中国 | 700 MHz | 2.6/3.6 GHz | |
| 韓国 | | 3.6 GHz | 28 GHz |
| 米国 | 600 MHz | 2.5/3.45–3.55/3.5–3.7/<br>3.7–3.98 GHz | 24/28/39/47 GHz |
| 欧州（EU） | 700 MHz | 3.6 GHz | 26 GHz |

出典：European 5G Observatory（2022）から筆者作成

## 第2節　日本の5Gサービスとインフラ整備

　上述の通り、日本では米韓から1年後の2020年3月にNTTドコモ、KDDI、ソフトバンクが、同9月には楽天モバイルが5Gの商用サービスを開始した。総務省（2020）には、4社が5G免許の申請時に約束した、免許認定日（2019年4月10日）から5年後の設備投資額や基盤展開率（カバレッジ）の計画が図表11-5のように掲載されている。

　すでに述べたように、日本の5Gサービスの開始は米韓に比べて約1年遅れたが、総務省が運営する5Gの総合情報ポータル「GO!5G」は、下記のように日本は5G開始から4年後（2023年度末）にカバレッジ（基盤展開率）が世界トップに躍り出ると説明している。

　（「GO!5G」の説明）「我が国は、第4世代移動通信システムは居住人口の99.99％をカバーしているという実績があります。また、5Gの展開に必要不可欠な光ファイバーの世帯カバー率は98.8％に達しており、世界的にみても充実したICTインフラが既に存在します。このような充実した既存のICTインフラを背景に、2023年度末には5Gの基盤展開率は98％以上となり、世界最高水準となる予定です」

　図表11-5の通り、モバイル事業者が申請時に約束した基盤展開率は、5年後（2023年度末）に50％～90％台の間でばらつきがあり、最大のNTTドコモが97.0％であった。これが全体的に引き上げられたのは、岸田首相が2021年12月に表明した5Gの人口カバー率を2023年度に9割に引き上げるという目標を受けて、総務省がモバイル事業者に5G基地局の整備を加速するよう要請したからである。

　もともと、日本の4Gや光ファイバーの加入状況は世界トップレベルである。経済協力開発機構（OECD）は半年に1度、加盟国のブロードバンド統計を発表しているが、2021年6月時点の数値（OECD, 2022）によれば、モバイルブロードバンド通信の人口加入率は日本がトップである（2位：エストニア、3位：米国）。また、すべての固定ブロードバンド加入に占めるオール光回線（FTTH：Fiber to the Home）の比率では、日本（82.5％）は韓

図表11-5　日本のモバイル通信事業者の5G開設計画（申請時）

| 申請者（50音順） | NTTドコモ | KDDI/沖縄セルラー電話 | ソフトバンク | 楽天モバイル |
|---|---|---|---|---|
| 指定基地局等の設備投資額 | 約7,950億円 | 約4,667億円 | 約2,061億円 | 約1,946億円 |
| 5G基盤展開率（※高度特定基地局（親局）の展開率） | 97.0%（全国） | 93.2%（全国） | 64.0%（全国） | 56.1%（全国） |
| 特定基地局局数（※屋内等に設置するものを除く）① 3.7GHz帯及び4.5GHz帯 | 8,001局 | 30,107局 | 7,355局 | 15,787局 |
| ② 28GHz帯 | 5,001局 | 12,756局 | 3,855局 | 7,948局 |

合計　約1兆7,000億円

※設備投資額、5G基盤展開率、特定基地局数については、認定日から5年後の計画値。

出典：総務省（2020）から筆者作成

国（85.9％）に次いで2位であり、フランス（40.0％）、米国（17.0％）、ドイツ（6.4％）、英国（5.7％）を大きく引き離している。欧米主要国の多くは銅線をベースとした xDSL（Digital Subscriber Line）などのブロードバンド展開にとどまっており、FTTH のカバレッジ拡大はこれから本格化する段階である。光ブロードバンドは5G基地局間を接続するバックホール回線として重要なため、そのカバレッジの広狭は5G展開にも影響すると認識されており、欧州連合（EU）はその点で日韓などと差が付いたことに危機感を抱いている。

　日本はこのような ICT インフラ展開の優位な状況を維持するために、モバイルや FTTH の全国カバレッジの100％化を加速させている。総務省が2020年12月に発表した「ICT インフラ地域展開マスタープラン 3.0」の説明（図表11-6）によれば、（1）「光ファイバー未整備世帯数を2022年3月末までに約17万世帯に減少」、（2）「光ファイバー、モバイルともに利用できない地域の早期解消」という目標が設定されている。このうち、（1）は前身のマスタープラン 2.0 の期限を2年前倒ししている。また、（2）については、モバイルのエリア外の人数は2022年3月末に519人（40集落）となり、その結果、光ファイバーとモバイルがともに利用できない地域は数集落になる見込みである。

図表11-6　日本の5G基地局と光ファイバーの整備目標

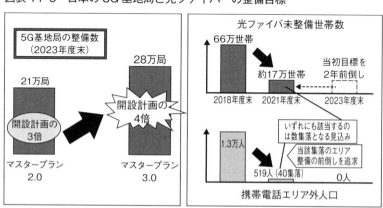

（注）「開設計画」とは、免許申請時に事業者が約束した5G基地局開設の計画。
出典：総務省（2020年12月25日）「ICT インフラ地域展開マスタープラン 3.0」

## 第 3 節　日本と欧州の 5G 政策の比較

　欧州では、4G 展開で米日韓などに遅れを取ったという認識に基づき、5G での巻き返しを求める声が強かった。欧州連合（EU）が 2016 年に電気通信規制を約 10 年ぶりに改定した際には、「4G を最初に開発したのは EU だが、その展開では米韓などに遅れを取った」、「EU は 5G では過ちを繰り返さない」と危機感をあらわにしていた（EC,2016）。そして、EU は欧州域内にあまねく 5G を提供するための行動計画を策定し、官民パートナーシップ（「5G PPP」）を通じた研究と革新を加速するイニシアチブを取ってきた。行動計画の主な内容は以下の 4 点であるが、EU の意気込みが伝わってくる目標設定である。

①　遅くとも 2020 年末までに商業的な大規模導入に移行するための 5G 展開のロードマップと優先順位を調整
②　主要な都市部および主要な輸送経路（道路、鉄道など）に沿った早期展開を促進
③　5G ベースのイノベーションをサポートする業界主導のベンチャーファンドの促進
④　グローバルスタンダードの推進に向けて取り組む際に主要な関係者を団結

　それらの成果はどうだったのか。前述の European 5G Observatory（2022）は、世界の主要国の 5G サービスの 2022 年 1 月段階の展開状況を「スコアボード（採点表）」として図表 11-7 のようにまとめている。

　図表 11-7 から明らかだが、欧州は 5G 基地局当たりの人口（少ないほど良好）で日中韓より劣っている。EU の人口は日本の約 3 倍なのに、5G 加入数は半分強の 800 万しかいない。その結果、人口当たりの 5G 加入数の割合は、日本の 11.3％や韓国の 32.8％と比べて、欧州は 1.8％とかなり低くなっている。日経新聞（2021）は英フィナンシャル・タイムズ（FT）紙

図表11-7　主要国の5Gサービスの採点表（European 5G Observatory）

| （注1） | 中国 | 韓国 | 日本 | 米国 | 欧州（EU） |
|---|---|---|---|---|---|
| 5G基地局数 | 91.6万 | 16.2万 | 5万 | 5万 | 11.2万 |
| 人口 | 14億200万 | 5,178万 | 1億2,580万 | 3億2,950万 | 4億4,771万 |
| 5G基地局あたりの人口 | 1,531 | 319 | 2,516 | 6,590 | 3,988 |
| 5G加入数（推定）（注2） | 1.73億 | 1,700万 | 1,419万 | 1,580万 | 800万 |
| 人口当たりの5G加入数（%） | 12.3 | 32.8 | 11.3 | 4.8 | 1.8 |

（注1）5G加入数（推定）に幅がある国（中国、米国）は最大値を表記、人口当たりの5G加入数（%）は筆者が計算。
（注2）中、米、欧州は2020年末。日は2021年3月。韓は時期の明記なし。
出典：European 5G Observatory（2022）から筆者作成

　の翻訳記事を引用し、欧州は早くも米国やアジアとの5G導入競争に取り残されていることが明らかになったと指摘している。FT紙は「ECはこの10年間、欧州が来るべき5Gの時代に中心的役割を果たすと繰り返し発言しており、投資促進に向けていくつもの『行動計画』を立ち上げてきたが、実際には遅々として進まない（日経新聞, 2021）」と厳しい評価を下している。

　しかし、5Gの商用開始から2～3年しか経過していない現段階で、日本が欧州に比べて優位に立っているとの評価を下すのは時期尚早だろう。そもそも、EUは人口や経済状況が大きく異なる27加盟国から構成されており、それらを平均した統計数値を日本と比較することはフェアではない。そして何よりも、5G導入の目的はネットワークインフラの整備自体にあるのではなく、それが可能とするIoTによるデータ収集・交換や、そのデータ利活用による市民、社会、産業の利便性向上や課題解決にあることを忘れてはならない。EUは2020年8月に発表した「Europe shaping the 5G Vision」というニュースリリースにおいて、図表11-8のように5Gが都市活動の全般を高度化する役割を担っていると強調している。このコンセプトはスマートシティそのものであるが、5Gが社会全体に与える潜在的インパクトの大

図表 11-8　欧州連合（EU）による「5Gとは何か？」という問いへの説明図

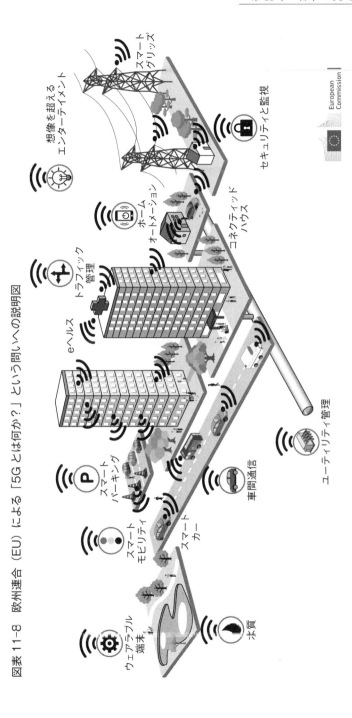

出典：EC（2020年8月28日）「Europe shaping the 5G Vision」（筆者訳）

きさを EU が認識していることがわかる。今後は、単なる 5G インフラの整備や加入数といった指標を越えて、5G の社会全体の発展への活用度、社会的課題解決への貢献度といった、より高い視点から 5G 政策の評価を行っていくべきであろう。

## 第4節　日本のローカル 5G 政策－ドイツとの対比

　総務省は 2019 年と 2020 年のそれぞれ 12 月、ローカル 5G の周波数免許の発行を開始した。改めて、同省が 2019 年 12 月に発表した「ローカル 5G 導入に関するガイドライン」でその定義を確認すると、「ローカル 5G は、携帯電話事業者による全国向け 5G サービスとは別に、地域の企業や自治体等の様々な主体が自らの建物や敷地内でスポット的に柔軟にネットワークを構築し利用可能とする新しい仕組みであり、地域の課題解決をはじめ、多様なニーズに用いられることが期待される」と書かれている。総務省のデータベース「世界情報通信事情」の 2020 年版の特集は「ローカル 5G」であった。そのような特集を組むこと自体が総務省の熱意を反映しており興味深いが、そこでとりあげられているのは、シンガポール、ドイツ、フランス、英国、韓国、中国、米国の 7 か国である。そのうち、ドイツは「キャンパス 5G」という名称でローカル 5G 専用の周波数免許を日本と同時期に付与済みであり、主要国のなかで日本と並ぶローカル 5G 先進国である。そこで、以下においては、日本とドイツのローカル 5G の概要を説明し、両者の比較と評価を行ってみたい。

### (1) 日本のローカル 5G

　日本でローカル 5G 用に付与されている周波数は、図表 11-9 の通り 4.6 〜 4.9GHz と 28.2 〜 29.1GHz である。6GHz 帯未満は「サブ 6」、26GHz 帯以上は「ミリ波」と呼ばれているが、新たなサービス用の無線利用にあたっては、既存の隣接無線との干渉を避ける必要がある。そこで総務省は、ローカル 5G における屋外利用（特に敷地内）のニーズの高さに鑑みて、図中の

図表 11-9　日本でローカル 5G 用に割り当てられた周波数帯

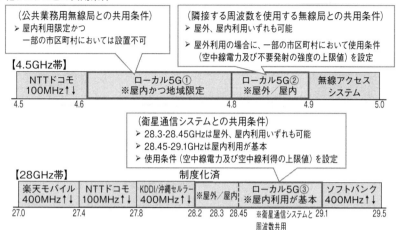

出典：総務省（2021 年 3 月）『総務省におけるローカル 5G 等の推進』p.10

　吹き出しのように、条件付きで一部の帯域の屋外利用が可能となるように制度を整えてきた。

　総務省は 2020 年 5 月に発表した「ローカル 5G 検討作業班報告書概要（案）」において、ローカル 5G のユースケースを図表 11-10 のように整理している。いずれも、敷地内の屋外利用の必要性が高いものであり、総務省が周波数の屋外利用に向けた制度整備を行ったのは当然のことであった。

　前述の総務省の 5G 総合情報ポータル「GO!5G」に掲載されている、日本の 2022 年 3 月末時点の「ローカル 5G の申請者及び免許人一覧（公表を承諾している者）」によると、申請者及び免許人は 108 者（うち本免許付与済は 106 者）であり、その内訳はサブ 6 が 97 者、ミリ波が 30 者、そして、その両方が 22 者であった。

　総務省はローカル 5G の普及に向けて、「地域課題解決型ローカル 5G 等の実現に向けた開発実証」の成果を発表している。2020 年度と 2021 年度の合計 45 事例は、いずれも先進的で興味深いソリューションである。今後、敷地内に閉じたローカル 5G の個々の事例を全国 5G ネットワークなども利用して相互連携し、地域、都市全体に広がる施策（スマートシティ）に高度

図表 11-10　ローカル 5G の主なユースケース

| | | 主な利用シーン | | |
|---|---|---|---|---|
| ※構成員から提案のあったユースケースを元に類型化 | | 屋内 | 敷地内屋外 | 敷地外屋外 |
| 地域利用 | ◆ 防災・災害対応：河川等の状況監視、インフラ保全 等 | ○ | ○ | ○ |
| | ◆ 暮らし：高齢者の見守り、地域コンテンツの配信 等 | ○ | ○ | ○ |
| | ◆ 医療・教育：地域医療ネットワーク、電子教材の活用 等 | ○ | ○ | ○ |
| | ◆ 農業・畜産業・地場産業：農機具の自動運転、センサ等による状況監視 | ○ | ○ | |
| | ◆ 観光：観光情報の配信 等 | ○ | ○ | ○ |
| 産業利用 | ◆ 工場・プラント施設：産業用ロボット制御、IoTセンサ等による状況監視 | ○ | ○ | |
| | ◆ 商業：電子タグ等による商品管理、デジタルサイネージ 等 | ○ | ○ | |
| | ◆ 建設・工事：重機などの遠隔操作、カメラ等による状況監視・検査 等 | ○ | ○ | |
| | ◆ 港湾：クレーン等の遠隔操作、物資の追跡 等 | ○ | ○ | |
| | ◆ 鉄道・空港：カメラ等による施設内の状況監視、遠隔制御 等 | ○ | ○ | ○ |
| | ◆ エンターテイメント：超高精細映像による映像配信、警備による状況監視 | ○ | ○ | |

出典：総務省（2020 年 5 月 20 日）『ローカル 5G 検討作業班報告書概要（案）』

化していくことが期待される。

　その際に肝心なのは、これらの周波数の利用料金であるが、総務省の「ローカル 5G 導入に関するガイドライン」（2022 年）によれば、ローカル 5G の電波利用料（年額）は、基地局 1 局につき 4.6 〜 4.9GHz が 5,900 円、28.2 〜 29.1GHz が 2,600 円である。それに加えて、陸上移動局（包括免許）の料金が 1 局当たり 370 円必要である（両周波数帯とも）。この料金水準については、経済団体連合会が引き下げ要望を出すなどの動きがあるが、それについては、ドイツの説明を行ったうえで後述する。

## (2) ドイツのローカル 5G（キャンパス 5G）

　日本が「ローカル 5G」と呼んでいる概念は、世界的にはプライベート 5G と呼称されることが多いが、ドイツでは「キャンパス 5G」という用語で知られている。ここで「キャンパス（campus）」とは、工場、駅、港湾、テーマパークなどの「敷地」全般を指しており、大学構内のみを意味するわけではない。ドイツの連邦規制機関 BNetzA（2022）によれば、同国が最初の全国 5G サービスの周波数免許（2GHz/3.4 〜 3.7GHz）をオークションで交付したのは 2019 年 6 月である。それに続き、エリア限定のキャンパス 5G については、2019 年 11 月から 3.7 〜 3.8 GHz を、そして、2020 年

**図表 11-11　ドイツのキャンパス 5G 向け周波数の料金**
**　　　　　　（3.7 〜 3.8GHz 帯の場合）**

---

計算式＝ 1,000 ユーロ（基本料金）＋ B × t × 5 ×($6a_1 + a_2$)

　（B）　割り当て周波数（10 〜 100 MHz の範囲）

　（t）　免許期間の年数（開始時期から 1/12 で月割り計算）

　($a_1$）と（$a_2$）　免許エリア面積（km$^2$）

　　　　　$a_1$ は交通網の整備された定住地

　　　　　$a_2$ はそれ以外の地域

（注）ドイツの国土面積は 357,581km$^2$（日本の約 0.95 倍）であり、そのうち（$a_1$）に相当するのは 14.4%

---

（注）24.25 〜 27.5 GHz 帯の料金計算式は「1,000 ユーロ（基本料金）＋ B × t × 0.63 ×($6a_1 + a_2$)」である（記号は上記に同じ）

出典：BNetzA（2022）から筆者作成

12 月からは 24.25 〜 27.5 GHz に対する免許を申請順（早い者勝ち）で付与している。その免許料金は、全国 5G のようなオークション方式ではなく、予め設定された計算式（図表 11-11）に応じて支払われる。

　この料金計算式に従えば、世界最大級のフォルクスワーゲン（Volkswagen）のヴォルフスブルグ（Wolfsburg）の本社・工場の敷地内で 3.7 〜 3.8GHz のうち 50MHz を 10 年間にわたり使用する場合、総額は 9 万 8,500 ユーロ（約 1,280 万円：1 ユーロ＝ 130 円）である。その低廉な料金も理由となり、BNetzA（2022）によれば、3.7 〜 3.8GHz 帯域の免許申請・取得数は 2022 年 4 月 15 日現在で 208 件に達している。内訳をみると、アウディ（Audi）、BMW、メルセデス・ベンツ（Mercedes–Benz）、Volkswagen など大手自動車メーカーの名前が軒並み並んでいる。他方で、電気通信事業者も多く、NTT データ（NTT Data）、テレフォニカ・ドイツ（Telefónica Germany）、ドイツテレコム（Deutsche Telekom）傘下の T システムズ・インターナショナル（TSystems International）、ベライゾン・ドイツ（Verizon Deutschland）などが取得済みである。それに対して、24.25 〜 27.5GHz 周波数帯の人気は低く、同時点で 12 申請に留まっている。

## （3）日独のローカル 5G 政策の比較

　日独のローカル 5G 政策をまとめると図表 11-12 の通りである。利用している周波数の帯域や免許付与の時期について大きな差はないが、免許人の条件、料金設定原則が異なっていることがわかる。

　免許人の条件について、日本は NTT ドコモのみならず、その競争相手のモバイル事業者（MNO）もローカル 5G 免許を取得することが出来ない。しかし、グループ企業、関連企業による取得は可能であり、NTT 東西、NTT コミュニケーションズや、KDDI グループの J:COM などが免許を取得済みである。従って、条件を課していないドイツと比べても実態的な差はそれほど無い。

　日独のローカル 5G の電波利用料 / 免許料はどちらが安いのかという比較

図表 11-12　日本とドイツのローカル 5G 政策の比較

| ローカル 5G 免許 | 日本 | ドイツ |
|---|---|---|
| 周波数帯 | (1)（サブ 6）4.6 〜 4.9GHz<br>(2)（ミリ波）28.2 〜 29.1GHz | (1) 3.7 〜 3.8GHz<br>(2) 24.25 〜 27.5GHz |
| 免許付与時期 | (2019 年 12 月) 28.2 〜 28.3GHz<br>(2020 年 12 月) 残りの周波数 | (2019 年 11 月) 3.7 〜 3.8GHz<br>(2020 年 12 月) 24.25 〜 27.5GHz |
| 免許人の条件 | 全国規模でネットワークを保有するモバイル事業者（全国 MNO:注）は、当分の間、免許取得を認めない（子会社等の関連企業は可能） | 特になし |
| 電波利用料 / 免許料 | 基地局<br>(4.6 〜 4.9GHz) 5.900 円 / 局 / 年<br>(28.2-28.3GHz) 2,600 円 / 局 / 年<br>端末（特定無線局）：370 円 / 局 / 年 | (1)、(2) のそれぞれに算定式を設定（表 11-8）。パラメータは利用する周波数のボリューム（帯域幅）、面積、年数、過疎の程度 |
| 申請・付与者数 | 108 申請（106 付与）(2022 年 3 月 31 日現在)（サブ 6 and/or ミリ波の合計） | (1) は 208 付与、(2) は 12 付与（いずれも 2022 年 4 月 15 日現在） |

（注）MNO：Mobile Network Operator
出典：各種資料から筆者作成

は難しい。日本は基地局や端末などの設備ベースの料金であるのに対して、ドイツは利用する周波数帯域と面積という、いわば資源ベースの料金だからである。仮に、工場の敷地が狭く、使用する周波数が小さい場合であっても、IoT 端末を多数設置するのであれば、日本の電波利用料は割高になる。その点について、経団連は 2020 年度の規制改革要望「改訂 Society 5.0 の実現に向けた規制・制度改革に関する提言」（2020 年 10 月 23 日）において、以下のように、中小企業の導入が進まない原因になり得るとして、ローカル 5G 端末料金の軽減措置を求めている。

「端末（陸上移動局）1 局あたり年間 370 円の電波利用料を総務省に支払う必要が生じるため、端末数に比例して負担額も増加する。このため、大規模 IoT として多数同時接続を行う場合に電波利用料が負担となり、利用者に対するコストの上昇や提供料金に対する上昇要因となり、特に中小規模の事業体において導入が進まない可能性がある。そこで、端末数によらない定額制の導入、あるいは端末数に応じた柔軟な料金制度の導入等、電波利用料の負担を軽減する措置を講じるべきである」

## 第 5 節　まとめ－ Society5.0 の実現に向けた課題

　上述の通り、日本と他の主要国の全国 5G 政策には共通点が多いが、免許オークションの導入の有無では異なっている。EU は 5G の普及促進のためにオークションの積極的な導入を促しているが、ドイツテレコムのように落札価格が高騰するのでネットワーク投資に悪影響が及ぶと非難する当事者もいる。EU にとって、オークションを実施しなかった日本が全国 5G のネットワーク展開で優位に立ちつつあることは不思議に思われるのかもしれない。しかし、オークション批判を展開したドイツテレコムも、その後の業績発表の場などでは「5G 投資は順調」とアピールしており、投資に対する本当の影響の実態はわかり難い。3G、4G の免許付与時にもオークションの是非の議論は活発に行われたが、ネットワーク投資にはオークション以外にも多くの説明変数（既存の競争の程度、料金規制の強弱など）が存在するため、

結局のところ、オークションがネットワーク展開に与えた正負の影響は判然
としないことが多い。

　日本の 5G 政策のもう 1 つの特徴は、ドイツと同じく、ローカル 5G 制度
を早くから整備してきたことにある。日本のローカル 5G は社会全体の高度
化政策である「Society5.0」を支えるものであり、ドイツのキャンパス 5G
は産業界の高度化施策としての「Industry4.0」をベースにしている。しかし、
両国ともローカル 5G（キャンパス 5G）の利用シーンや実現サービスは自
由であり、大きな違いを生み出すものではない。

　5G などの新技術は、その導入時期、ネットワーク整備率、加入率などに
注目が集まりがちだが、それらの指標が単純な目標と化してはならない。言
うまでもないが、最終目標は市民福利の向上や社会的課題の解決であり、
5G はその手段である。第 7 章「スマートシティ構想と 5G」の部分でも論
じたが、全国 5G とローカル 5G がシームレスに連携することで、それらの
最終目標を実現する多様なソリューションが生み出される。世界に先駆けて
全国 5G とローカル 5G の制度を同時に導入した日本として、両者の連携を
いかに促進、支援していくかが、次なる課題といえるだろう。

〈参考文献〉

BNetzA（2022）Regionale und lokale Netze, Frequenzen für das Betreiben
　regionaler und lokaler drahtloser Netze zum Angebot von
　Telekommunikationsdiensten, Bundesnetzagentur.
　https://www.bundesnetzagentur.de/DE/Fachthemen/Telekommunikation/
　Frequenzen/OeffentlicheNetze/LokaleNetze/lokalenetze-node.html（2022
　年 5 月 6 日閲覧）

EC（2016）*Fact Sheet, Questions and answers, State of the Union 2016:
　Commission paves the way for more and better internet connectivity for all
　citizens and businesses*, European Commission, 14 September, 2016.

European 5G Observatory（2022）*International Scoreboard*, January 2022,
　European 5G Observatory.

OECD（2022）*Broadband Portal*, June 2021, The Organisation for Economic
　Co-operation and Development（OECD）.
　https://www.oecd.org/digital/broadband/broadband-statistics/（2022 年 5
　月 6 日閲覧）

神野　新（2020）「通信産業」，湯淺正敏編著『メディア産業論－デジタル変革期の
　イノベーションとどう向き合うか』，ミネルヴァ書房。

総務省（2020）『令和 2 年版情報通信白書』，情報流通行政局 情報通信政策課 情
　報通信経済室。

日経新聞（2021）「[FT]5G　米国、アジアに遅れた欧州がとるべき手は」，日本経
　済新聞社，2021 年 2 月 5 日。

（神野　新）

〈より深い学習のための参考文献〉

**第1章**

春日教測・宍倉 学・鳥居昭夫（2014）『ネットワーク・メディアの経済学』，慶應義塾大学出版会。

小向太郎（2022）『情報法入門（第6版）』，NTT出版。

菅谷 実・中村 清編（2000）『放送メディアの経済学』，中央経済社。

**第2章**

菊澤研宗（2009）『戦略の不条理　なぜ合理的な行動は失敗するのか』，光文社。

村井 純（2014）『インターネットの基礎　情報革命を支えるインフラストラクチャー』，KADOKAWA。

中野 明（2017）『IT全史　情報技術の250年を読む』，祥伝社。

玉田俊平太（2020）『日本のイノベーションのジレンマ』第2版，翔泳社。

**第3章**

Ericsson Mobility Report（スウェーデンの通信機器事業者 Ericsson が年2回（速報版も含めると年3回）発表する状況報告）：https://www.ericsson.com/en/reports-and-papers/mobility-report

※なお，日本語版も掲載されている：https://www.ericsson.com/ja/about-us/company-facts/ericsson-worldwide/japan/reports

**第4章**

公益事業学会（編）（2020）『公益事業の変容』，関西学院大学出版会。

※特に第9章

**第5章**

脇浜紀子・菅谷 実（2019）『メディア・ローカリズム―地域ニュース・地域情報をどう支えるのか』，中央経済社。

**第6章**

GSMA（2022）The Mobile Economy 2022. https://www.gsma.com/mobileeconomy/（2022年5月11日閲覧）

※同URLから地域別（北米・中南米・欧州・MENA・西アフリカ・サブサハラアフリカ・アジア太平洋・中国・ロシアおよびCIS・太平洋諸島）レポートも入手可能。

**第7章**

Galloway, S.（2017）*the Four*：*The Hidden DNA of Amazon, Apple, Facebook and Google, Portfolio*, Illustrated edition（October 3, 2017）（渡会圭子（翻訳）『the four GAFA 四騎士が創り変えた世界』, 東洋経済新報社。

中島健祐（2019）『デンマークのスマートシティ：データを活用した人間中心の都市づくり』, 学芸出版社。

**第8章**

日高洋祐・牧村和彦・井上佳三（2018）『MaaS　モビリティ革命の先にある全産業のゲームチェンジ』, 日経BP社。

中野 明（2017）『IT全史　情報技術の250年を読む』, 祥伝社。

P. F. ドラッカー "MANAGING IN THE NEXT SOCIETY",（上田惇生訳（2002）『ネクスト・ソサエティ』, ダイヤモンド社）。

**第9章**

Jinling Hua, Bismark Aby Gyamfi and Rajib Shaw eds.（2022）*Considerations for a Post COVID-19 Technology and Innovation Ecosystem in China*, Springer, January 2022.　https://doi.org/10.1007/978-981-16-6959-0

**第10章**

World Economic Forum（2020）"The Impact of 5G: Creating New Value across Industries and Society".
http://www3.weforum.org/docs/WEF_The_Impact_of_5G_Report.pdf（2022年5月9日閲覧）

World Economic Forum（2021）"5G Outlook Series: Enabling Inclusive Long-term Opportunities".
http://www3.weforum.org/docs/WEF_5G_Outlook_Series_Enabling_Inclusive_Long_term_Opportunities_2021.pdf（2022年5月9日閲覧）

**第11章**

クロサカタツヤ（2019）『5Gでビジネスはどう変わるのか』, 日経BP。

森川博之（2020）『5G　次世代移動通信規格の可能性（岩波新書）』, 岩波書店。

# 〈索引〉

## 和文索引

# 欧文索引

## ■執筆者略歴（執筆順）

菅谷　実（すがや　みのる）（第1章担当）
　編著者略歴参照

山田　徳彦（やまだ　のりひこ）（第2章、第8章担当）
　編著者略歴参照

杉沼　浩司（すぎぬま　こうじ）（第3章担当）
　日本大学生産工学部数理情報工学科講師（非常勤）兼自動車工学リサーチ・センター客員研究員、映像新聞論説委員
　University of California, Irvine（UCI）博士課程修了、Ph.D.（Electrical and Computer Engineering）。（株）アニメーション KAB、（株）ハイテックラボ・ジャパン、ソニー（株）を経て現職。主な業績として、クラウドファンディングの発明（米国特許 6,816,841）、『Location and Context Awareness』（編）Springer、2009年、『CASE 技術基礎講座』（企画・講義）自動車技術会、2021-2022年、「自動運転における通信技術の基本と仕組み」『自動車技術』第76巻第5号（2022年）等がある。米 FAA 認定上級地上教官。

湧口　清隆（ゆぐち　きよたか）（第4章担当）
　相模女子大学人間社会学部教授、大学院（専門職）社会起業研究科教授
　一橋大学大学院商学研究科博士後期課程単位修得退学、博士（商学）。（財）国際通信経済研究所研究員、九州大学大学院比較社会文化研究院客員助教授などを経て現職。主要な業績として『食べればわかる交通経済学』交通新聞社、2014年、『路面電車からトラムへ―フランスの都市交通政策の挑戦―』（共著）晃洋書房、2020年等がある。

脇浜　紀子（わきはま　のりこ）（第5章担当）
　京都産業大学現代社会学部教授
　大阪大学大学院国際公共政策研究科博士後期課程修了、博士（国際公共政策）。読売テレビ放送株式会社アナウンサー、プロデューサーを経て現職。主要な業績として、『メディア・ローカリズム～地域ニュース・地域情報をどう支えるのか～』（編著）中央経済社、2019、『ローカルテレビの再構築～地域情報発信力強化の視点から』（単著）日本評論社、2015。

米谷　南海（よねたに　なみ）（第6章担当）
　一般財団法人マルチメディア振興センター　ICT リサーチ＆コンサルティング部　チーフ・リサーチャー
　慶應義塾大学大学院政策・メディア研究科博士後期課程修了、博士（政策・メディア）。2015年より現職。主要な業績として、『Perspectives on the Japanese Media and Content Policies』（共著）Springer、2020年、『メディア・ローカリズム―地域ニュース・地域情報をどう支えるのか』（共著）中央経済社、2019年、『東アジアのケーブルテレビ―政府企業間関係から見る社会的役割の構築過程』（単著）中央経済社、2019年等がある。

神野　新（かみの　あらた）（第7章、第11章担当）
　株式会社　情報通信総合研究所　主席研究員
　慶応義塾大学大学院政策・メディア研究科後期博士課程修了、博士（政策・メディア）。1995年より現職。立教大学社会学部兼任講師。主要な業績として、『メディア産業論』（共著）ミネルヴァ書房、2020年、『メディア・ローカリズム』（共著）中央経済社、2019年等がある。

華　金玲（はな　きんれい）（第 9 章担当）

慶應義塾大学総合政策学部訪問講師（招聘）

慶應義塾大学院政策・メディア研究科博士課程修了、博士（政策・メディア）。慶應義塾大学非常勤講師を経て現職。

主要な業績として、Considerations for a Post COVID-19 Technology and Innovation Ecosystem in China（編著）Springer、2022 年、「新型コロナウィルス感染症対策の「中国方式」と情報技術」、『日中社会学会誌』第 29 号、2022 年等がある。


趙　章恩（ちょう　ちゃんうん）（第 10 章担当）

KDDI 総合研究所特別研究員

東京大学大学院学際情報学府社会情報学修士。元東京大学大学院情報学環特任助教。主要な業績として、『メディア・ローカリズム』（共著）中央経済社、2019 年、『デジタルコンテンツ白書（海外動向韓国編）』社団法人日本デジタルコンテンツ協会、2006 年〜 2022 年等がある。

〈編著者略歴〉

菅谷 実（すがや みのる）
　慶應義塾大学名誉教授
　国際基督教大学大学院行政学研究科博士後期課程修了（学術博士）。白鴎大学経営学部助教授、
　慶應義塾大学新聞研究所助教授、ハーバード大学ケネディ・スクール訪問研究員、ミシガン州立
　大学コミュニケーション学部訪問教授、慶應義塾大学メディア・コミュニケーション研究所教授、
　ハワイ大学コミュニケーション学部訪問研究員（フルブライト研究員）、白鴎大学客員教授など
　を歴任、2015年4月に名誉教授。主要業績として、『アメリカの電気通信政策』日本評論社、
　1989年、『アメリカのメディア産業政策』中央経済社、1997年、『映像コンテンツ産業とフィル
　ム政策』（編著）丸善、2009年、『地域メディア力』（編著）中央経済社、2014年、『メディア・ロー
　カリズム』（編著）中央経済社、2019年等がある。


山田 徳彦（やまだ のりひこ）
　白鴎大学経営学部教授
　早稲田大学大学院商学研究科博士後期課程修了、博士（商学）。白鴎大学講師・准教授を経て現職。
　主要な業績として『鉄道改革の経済学』成文堂、2002年、『交通経済ハンドブック』（「国鉄改革」
　担当）、2011年等がある。
　現在、地域の公共交通の望ましいあり方、地域の活性化に取り組んでいる。

■ 情報通信産業の構造変容
　　―次世代移動ネットワークがもたらすイノベーション

■ 発行日──2022年9月26日　　初版発行　　　〈検印省略〉

■ 編著者──菅谷 実・山田徳彦

■ 発行者──大矢栄一郎

■ 発行所──株式会社 白桃書房
　　〒101-0021　東京都千代田区外神田5-1-15
　　☎ 03-3836-4781　FAX 03-3836-9370　振替 00100-4-20192
　　https://www.hakutou.co.jp/

■ 印刷・製本──三和印刷

# 好 評 書